一瞬で伝わる
神ワザ！文章力大全

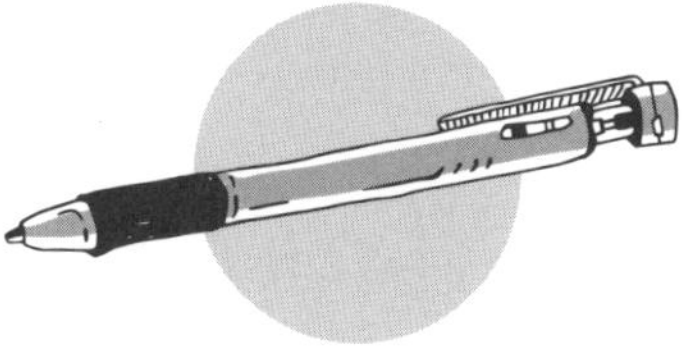

ビジネスフレーム
ワーク研究所［編］

青春出版社

書くのが“苦手”な人ほど
一瞬で伝わる文章が書ける！

「吾輩は猫である。名前はまだ無い。」

「メロスは激怒した。」

前者は夏目漱石の『吾輩は猫である』、後者は太宰治の『走れメロス』の書き出しです。ともに、わずか８〜９文字（句点を含む）の短文で構成されています。そして、主語の位置は、すべて文の頭です。

本書では、「短文の積み重ねが最も意味を伝えやすい」「主語は文頭に置くのが、いちばん意味がとりやすい」と繰り返し述べていますが、これを「漱石・太宰」式、いや、漱石・太宰にも難しい文章はありますので、「猫・メロス」式と呼びましょう。

川端康成のような一文の中で主語が移ろいながらも独特の叙情を漂わせる文章や、大江健三郎のような一見悪文でありながらも論理的な文章、村上春樹の世界にも通用するような比喩は、残念ながら素人には書けません。

もし、あなたがそういう文章を書くことを目指しているのなら、この本ではなく、別の本を選んでいただくしかないでしょう。

この本の目指すところは、あくまで「猫・メロス」式です。書き手にとっては、伝えたいことを簡潔かつ的確に書け、読み手にとっては、一読で意味を読みとれる、わかりやすい文章を書く技術です。

たとえば、文章は、主語・述語や修飾語を文中のどこに置き、どうつなぐかで、てきめんに情報伝達の精度が変わってきます。ひとつ例をあげると、「兄と友人の結婚式に出席する」という文は、悪文の見本中の見本。わずか13文字の短文なのに、三つもの意味に〝誤解〟することができます。

まず、（私）と兄の二人で、友人の結婚式に出席する、と読むことができます。（私）が兄の結婚式、そして友人の結婚式の両方に出席する、という意味にも読めます。さらに、兄と友人（女性）が結婚し、その結婚式に（私）が出席する、とも読めるのです。

それぞれ、そのような意味であると正確に伝えたければ、「兄とともに、友人の結婚式に出席する」「兄の結婚式、友人の結婚式の双方に出席する」「兄と友人が結ばれる結婚式に出席する」とでも書かなければならないところでしょう。

という具合に、文章はまことに恐ろしい。会話なら言葉が多少足りなくても伝わるところでも、文章にするときには、細かいところまで気をつかって書かないと、誤解される確率が格段に高まってしまうのです。

というわけで、本書では、文章を書く人なら身につけておきたいテクニックを、初歩の初歩から、玄人の〝裏ワザ〟に属するところまで、164紹介しました。また、巻末では、面白く、役に立つ文章を書くための情報術・学習術として、本の買い方・読み方を特集しました。

あなたも、本書で、読みやすい文章をカンタンに書ける文章術を会得して、自分の伝えたいことを自由自在に書いていただければ、幸いに思います。

2021年1月　　　　　　　ビジネスフレームワーク研究所

一瞬で伝わる
神ワザ！ 文章力大全

目　次

■カバーイラスト　Adobe Stock
■DTP　フジマックオフィス

Lesson1

誰も教えてくれない
文章力のキホン

001
主語について

ス〜ッと入ってくる文章は″アタマ″が軽い

わかりやすい文章を書く第一のコツは、「主語」の周辺をシンプルにすること。主語を修飾する言葉が長いと、読者はどの言葉が主語なのか、一目では見当がつきません。

> 数日間あれこれ悩み、困り果てていた彼は、ついに上司に相談することにした。

これは、意味がとりにくい文章の典型。「彼は」という主語の前に、20字近くも主語を飾る言葉がつづくので、読む人はそこまで読まないと、どの言葉が主語かわかりません。その分、意味がとりにくくなるのです。

この文章、意味を変えずに、主語の「彼」を文頭に置くこともできます。

> 彼は数日間あれこれ悩み、困り果てたのち、ついに上司に相談することにした。

このように、主語を飾る言葉を短くすると、自然に主語が文頭にきます。主語が文頭にあれば、読む人はどの言葉が主語なのか、ひと目でわかります。それだけのことで、読む人にストレスを感じさせない、わかりやすい文章になるのです。

002
主語について

“アタマ”が二つあると、読み手は混乱する

主語は一つの文に一つが基本。ところが、一文の途中で主語が変化し、主語が二つ以上あるという、意味のとりにくい文章をよくみかけます。

> 私たちが仲間を信頼せず、自らの利益を優先しようとすれば、敵対組織は私たちを分断しようとするだろう。

この一文には、「私たち」「敵対組織」という、二つの主語が存在します。読者は「私たち」が主語だと思って読んでいるのに、後段で「敵対組織」に主語が変化すると、そこでとまどうことになります。それを防ぐには、次のように主語を一つに絞り込むことです。

> 私たちが仲間を信頼せず、自らの利益を優先しようとすれば、敵対組織に分断されるだろう。

その場合、二つ目の主語を消すコツは「受け身表現」を使うこと。この文章では「分断される」と受け身にすることで、二つ目の主語を消すことができました。

003
主語について

主語を並べるのは、読者を混乱させるもと

「一文に主語は一つ」が基本ですが、ときには、そうできないこともあります。「首相は増税はしないと、新聞が報じた」といった文の場合です。この例のように、人の言葉を引用するときなどは、主語が二つになるのもやむをえません。ただし、それ以上、主語を並べるのは、読者を混乱させるもと。

> 犯行グループが声明を発表したと、中東のテレビ局が報じ、日本のマスコミがこぞってこのニュースを取り上げた件についての真相は、不明のままだ。

これでは、一文の中に、「犯行グループ」「中東のテレビ局」「日本のマスコミ」「真相」と主語が四つも並ぶので、一読で意味を読みとれる人のほうが少ないくらいでしょう。このように、主語が多く並びそうなときは、文を適切に切り分けるのがコツ。

> 中東のテレビ局が、犯行グループの声明を報じた。日本のマスコミもこぞって取り上げたが、真相は不明のままだ。

とすれば、すんなり意味のとれる文章になります。複数の主語が並ぶ文は、ダラダラ長い一文になりがちなので要注意です。

004
主語について

一つの段落は、同じアングルから捉えた文で統一する

一文の中で主語を変えないのは、読みやすい文章を書く基本。さらにいうと、一文だけでなく、一段落の中でも、主語はなるべく変えないほうがいいでしょう。段落内で、主語をたびたび変えると、読者を混乱させてしまうからです。

> 『日葡辞書』は、江戸時代初期に生まれた日本・ポルトガル語の辞書。日本にやって来たイエズス会宣教師らが編集、刊行した。『日葡辞書』の採録語彙は３万語を超えている。ポルトガル人が日本に残した最大の功績は、『日葡辞書』の刊行だったといわれる。

この文章では、一つの段落内に『日葡辞書』「イエズス会宣教師」「採録語彙」「最大の功績」と、四つも主語があります。主語を統一すると、すっきりした文章になります。

> 『日葡辞書』は、江戸時代初期に生まれた日本・ポルトガル語の辞書。同書は、日本にやって来たイエズス会宣教師らによって編集、刊行され、３万語を超える語彙を採録している。同書の刊行は、ポルトガル人が日本に残した最大の功績といわれる。

005
主語について

「組織を動かす人」より「指導者」のほうが意味は明快

主語は文章の要。その選び方は大切です。印象に残りにくい言葉を主語にすると、文全体がぼやけた印象になってしまいます。

> 組織を動かそうとする人は、指導者としての力量をたえず試され、力量不足の場合、組織の敵という烙印さえ押される。

この文では、「組織を動かそうとする人」という、印象に残りにくい言葉が主語に選ばれています。その近くにある「指導者」のほうが、意味は明快なので、こちらを主語にしたほうがいいでしょう。

> 指導者はたえず力量を試され、力量不足の場合、組織の敵という烙印さえ押される。

このように、主語には、意味の明確な言葉を選ぶのがコツ。たとえば、「私の所属している企業」は「私の勤務先」「私の会社」、「練習をあまりしない選手」は「練習不足の選手」と書き換えるだけで、意味のとりやすい文章になります。

006
主語について

もう、カタい文とはさよならしよう

緊急の課題は、消費者の需要を喚起することだ。

この文がカタい印象を与えるのは、短い文の中に「緊急」「課題」「消費者」「需要」「喚起」と、５つもの漢字熟語が並ぶためです。

漢字を減らすには、後ほど述べるように、漢字動詞を和語に置き換えるというテクニックが有効ですが、もう一つ、漢字名詞を言い換えるという方法もあります。たとえば、主語の「緊急の課題」を「いま急いでしなければならないこと」と言い換えると、かなり柔らかい文章に変わります。

いま急いでしなければならないことは、消費者の需要を喚起することだ。

では、「連日の品切れで、流通が混乱している」という文の場合はいかがでしょう。この文も、漢字名詞を言い換え「品切れつづきで、流通が混乱している」とすることでやわらかくなります。

ポイントは、「連日」を「つづき」に変換したことです。

007
主語と述語の関係

「誰（何）が」「どうした」は近くに置くのがキホンです

　さて、主語につづき、「述語」についてお話しします。述語は、主語と対になって文を構成します。主語と述語のつながりをはっきりさせることで、意味のとりやすい文章になります。逆に、どの言葉が主語で、どの言葉が述語か、すぐにつかめない文章は、悪文です。

> 　中国は大きな人口と広大な国土を有し、その長期にわたる経済成長に加えて、軍事力の増強によって、東アジア世界にとって大きな脅威となりつつある。

　この文が読みづらいのは、主語の「中国」と、「脅威となりつつある」という述語の間が開きすぎているからです。「中国」という主語を念頭に置いて読んでいるつもりでも、述語まで50字以上もあるため、途中で主語がわからなくなってしまうのです。こういうときは、文を二つに分けるのが得策です。

> 　中国は、東アジア世界にとって大きな脅威となりつつある。大きな人口と広大な国土を有するうえ、長期にわたって経済成長し、軍事力を増強させているからだ。

008
主語と述語の関係

「ねじれ文」を書くのはみっともない

「ねじれ文」とは、主語と述語が一致していない文章のこと。長々と文を書いているうちに、書いている本人も、主語が何だったか、よくわからなくなり、主語とつながらない述語で終わってしまう文章のことです。

> 御成敗式目は、行政、民事、刑事訴訟などの大綱を法文化したもので、武士のトラブルに際して、幕府に裁定を求めることができた。

この文では、主語の「御成敗式目」と、述語の「求めることができた」が対応していません。述語「求めることができた」の主語となるのは「御家人」か「武士」のはずですが、それらの言葉が省略されているため、主語と述語が一致しない、ねじれ文になっています。

> 御成敗式目は、行政、民事、刑事訴訟などの大綱を法文化したもので、御家人はトラブルに際して、この法にもとづき、幕府に裁定を求めることができた。

こう変えれば、少なくとも文のねじれは解消できます。

009
主語と述語の関係

「格差が増大する」はどこがおかしい？

述語となる言葉を選ぶときには「誤用」に要注意です。主語との組み合わせ方しだいでは、誤用になるケースが多いからです。たとえば、次のような文です。

格差が増大する。

この文は、述語選びに失敗していることに、お気づきでしょうか。述語の「増大する」は、数値に対して使う言葉です。「格差」は数値ではないので、「格差が増大する」はおかしな表現なのです。「格差」は両者の違いなので、

格差が拡大する。

が正解です。

では、「景気を向上させる」という文はいかがでしょうか。述語の「向上する」は能力に対して使う言葉であり、「景気」のような事物には使いません。景気は「上昇する」ものであり、この文の場合は「景気を上昇させる」が正解です。

010
主語と述語の関係

「北欧では物価、福祉が高い」はなぜヘンか

主語が二つあるのに、述語を一つですませようとすると、おかしな文になってしまいます。たとえば、「北欧では、物価、福祉が高い」という文は、読む人を失笑させるでしょう。たしかに、主語の一つである「物価」の述語は「高い」でもＯＫですが、もう一つの主語「福祉」が「高い」といっても、意味が成り立ちません。この場合、「福祉」に適した述語は「手厚い」です。だから、主語を共用せず、

> 北欧では、物価は高いが、福祉は手厚い。

と二つの主語に対して、述語も二つ書く必要があります。一文に主語が二つ以上ある場合は、まずそれぞれの主語に述語を当てはめ、そのあとで述語を共有できるかどうか考えるといいでしょう。

あるいは、述語に合わせて、主語を変えるという手もあります。先の例では、主語の一つである「福祉」を「福祉レベル」に変えれば、述語を共用できます。

> 北欧では、物価、福祉レベルともに高い。

011
述語の選び方

「彼はアルバイトを働きはじめた」はなぜダメか

述語となる言葉は主語に合わせて選ぶ必要がありますが、述語にはもう一つ、合わせなくてはならないものがあります。「目的語」です。たとえば、

彼は、アルバイトを働きはじめた。

という文は、誰もがおかしな日本語と気づくでしょう。「アルバイト」という目的語と「働く」という述語がマッチしていないからです。

多くの文章は、主語、述語に加えて、目的語を伴って成り立ちます。主語と述語の関係が正しくても、述語と目的語がかみ合っていないと、おかしな文になってしまいます。述語と目的語を合わせるには、どちらかを変えるといいでしょう。

彼は、アルバイトをはじめた。
彼は、アルバイトに通いはじめた。
彼は、アルバイトとして働きはじめた。

とすれば、意味の通じる文になります。

012
述語の選び方

難しい言葉を使うと、カシコく見えるというのは幻想

漢字だけで構成される熟語を述語に使うと、てきめんにお役所のような文章になってしまいます。たとえば、次のような文です。

> 弊社は、新社屋を建設するため、土地の購入を決定した。

この文は、６つもの漢字熟語から構成されています。漢字熟語の羅列のせいで、文章がカタくなり、役所の公文書のような文章になっています。

このカタい文章をやわらかくするコツは、漢字熟語の動詞を和語の動詞に置き換えること。漢字名詞には和語に変えにくいものが多いのですが、漢字動詞の多くは、和語に置き変えることができます。先の文なら、「建設」「購入」「決定」の３語です。

> 弊社は、新社屋を建てるため、土地を買うことを決めた。

「熟語動詞を多用したほうが、頭がよく見えそう」と思うのは幻想。逆に、頭がカタい人という印象を与えるのがオチです。

013
助詞について

悪文の見本「が・が文」って何？

「が」は、文章を書くうえで欠かせない助詞。ただし、「が」を使いすぎると、「が・が文」と呼ばれる、みっともない文章になってしまいます。

> 日本経済が危機に瀕していると、多くの経済学者が述べているが、日本経済が真価を発揮する時代がこれから来ると予測がなされている報告もある。

立派なことを書いているようですが、一文中に「が」が六つもつづく、悪文の見本。次のように直すと、読みやすくなります。

> 日本経済は危機に瀕していると、多くの経済学者が述べている。その一方で、 日本経済はこれから真価を発揮すると予測する報告もある。

なお、「が・が」文になる原因の多くは、主語につく格助詞「が」、「〜したが」などと前後の文をつなぐ接続助詞「が」、そして逆接の接続助詞「が」の３種類を併用すること。とりわけ、接続助詞「が」の使用には、注意が必要です。多用すると、文章がダラダラ長くなるうえ、「が・が」文になりやすいのです。

014
助詞について

みっともない「の・の文」にしないために

「が・が」文と同じくらいみっともないのが、「の・の」文。一つの文章に助詞の「の」をたくさん並べてしまうのが、「の・の」文です。たとえば、次のような文章は、その典型です。

> 韓国の首都のソウル在住の２分の１近くの人は、自分の子供の名前の漢字を間違えて書いたという。それほどに、近年の韓国での漢字の識字率の低下は、著しい。

この文章は、「の」が12字もあるかなり稚拙な文。「の」を削っていくほどに、読みやすい文に変わっていきます。

> 韓国の首都・ソウルに住む半分近くの人が、自分の子供の名前を誤った漢字で書いたという。それほどに、韓国では近年、漢字の識字率が低下している。

というように、大半の「の」は、別の表現に置き換えることができます。

おおむね、一つの文で、助詞の「の」が３回以上表れたときは、稚拙な「の・の」文になっているとみていいでしょう。表現を工夫したいものです。

015
助詞について

必要な「に」、なぜか省きがち問題

日常会話では助詞を省いても意味が通じますが、文章となると問題です。助詞を省くと、幼稚な印象を与えてしまうからです。

たとえば、「お金のあるうち、家の修理を考えたい」という文が舌足らずなのは、「お金のあるうちに」と書かなければならないのに、「に」を省いているから。正しくは、「お金のあるうちに、家の修理を考えたい」でしょう。

逆に、文章では、不要な助詞をつけて、おかしな印象になるケースもあります。

> 前回でも述べたように、日本での構造改革は失敗した。

この文がおかしいのは、「前回も」と書かなければならないのに、「前回でも」と余分な助詞「で」を付け足しているところ。次のように書き換えるといいでしょう。

> 前回も述べたように、日本での構造改革は失敗した。

016
助詞について

いらない「で」と「の」、なぜか書きがち問題

助詞は省いてもダメですが、不要な助詞を入れるのもＮＧ。不要なのに、つい入れてしまうのが、「で」と「の」です。前項でも紹介したように、とりわけ、「で」は要注意。

> 鹿児島でのラーメン店は、意外にも塩味を得意としている。

「鹿児島での」と、不用意に「で」を入れてしまうと読む人をとまどわせます。

> 鹿児島のラーメン店は、意外にも塩味を得意としている。

「鹿児島のラーメン店」は正しい表現ですが、「鹿児島でのラーメン店」と書くのは間違いです。

もう一つ、つい付け足しがちなのが、「の」。たとえば、「不況下での物流量が低下したため、輸送業者は苦しくなっている」は、「で」のあとに不必要な「の」を入れた文。「不況下で物流量が低下したため、輸送業者は苦しくなっている」としたいところです。

017
助詞について

「は」と「が」を使い分けられますか？

「は」と「が」は、ともに主語につく助詞。どちらを使ってもＯＫという場合が多いのですが、いずれを選ぶかで文全体の意味が微妙に違ってくることがあります。

たとえば「彼は、社長となった」と「彼が、社長となった」。前者は「彼」自身の努力によって社長になったというニュアンスが生じ、後者は「彼」が多くの人の中から選ばれて社長になったという背景を感じさせます。

また、「は」と「が」を選び間違えて、違和感が生じる場合もあります。

> 欧州選手権の決勝が、英仏の争いとなった。延長戦の末、フランスは勝った。

一般的に、「は」は、述語に重点があることを示し、「が」は主語に重点があることを示します。この文の場合、前段は「争いとなる」ことに重点があるため「は」、後段は勝者である主語「フランス」を強調するため、「が」となるのです。

> 欧州選手権の決勝は、英仏の争いとなった。延長戦の末、フランスが勝った。

018
助詞について

その「など」が文章をダメにする

複数のモノを羅列するときに使う「など」は、慎重に使いたい助詞。よく使う助詞でありながら、じつは不要ということが多く、「など」を安易に書き入れると、意味が不明瞭な文章になりがちです。

> 本社工場の１号機、２号機などの被害状況について、連絡があった。

これは、誤りではありませんが、「など」の一語があるばかりに意味が不明瞭になっています。「など」が入ることによって、それ以外にどんな被害があるか、読む人にはわからなくなるからです。

> 本社工場の１号機、２号機の被害状況について、連絡があった。

「など」を省くことで、１号機、２号機に限っての話であると、読む人はすぐに理解できます。「など」の多用を避けたいのは、とりわけビジネス文書の場合。正確性が求められるのに、「など」を入れると、たちまちあいまいな情報になってしまうからです。

019
修飾語について

「迷走するフランスの市民」で、迷走しているのは？

修飾語が生きるかどうかは、置く位置にかかってきます。位置を間違えると、誤解を与える文にもなってしまいます。

> 迷走するフランスの市民が、政府に異を唱える。

この文は、「迷走する」という修飾語のかかる言葉が「フランス」なのか「市民」なのか、わからないため、誤解されかねません。

> 迷走するフランスにあって、市民が政府に異を唱える。

あるいは、

> フランスの迷走する市民が、政府に異を唱える。

このように修飾語のかかる言葉をはっきりさせると、誤解を与えない文になります。基本的に、飾る言葉は飾られる言葉のそばに置くのがコツ。遠くに置くほど、修飾語がどの言葉を飾っているのか、よくわからなくなるものです。

020
修飾語について

「巨大な、豊臣家の栄華を象徴する大坂城」はどこがヘン？

修飾語には、形容詞や形容動詞のような短いものもあれば、「修飾節」と呼ばれる長い文章もあります。短い修飾語と長い修飾語、どちらを先に置くか、そこに文章のコツがあります。

> 巨大な、豊臣家の栄華を象徴する大坂城が落ちた。

この文章の意味がとりにくいのは、短い修飾語「巨大な」を先にして、長い修飾節「豊臣家の栄華を象徴する」を後にしているからです。

短い修飾語のあとに、長い修飾節がくると、読む人はどこで区切っていいのかわからず、とまどうことになるのです。

逆に、長い修飾節を先にして、短い修飾語をあとにすれば、意味がとりやすくなります。先ほどの文の場合は、

> 豊臣家の栄華を象徴する、巨大な大坂城が落ちた。

とすれば、意味のとりやすい文章になります。

021
修飾語について

余分な飾りを捨てる勇気が、いい文章を生む

修飾語には、必要のない言葉が多いもの。余分な修飾語を大胆にカットするほど、文章はすっきりとし、読みやすくなります。

> 今回の挑戦の相当の成果によって、成功へのおおよその見当がついた。

という文章は間違いではないにしても、くどさはぬぐえません。「相当の」や「おおよその」という修飾語がよけいだからです。それらの言葉がなくても文意が通じるうえ、ないほうがシャープな文章になります。

> 今回の挑戦の成果によって、成功への見当がついた。

もう一例あげると、「彼の報告は、ちょっと怪しい」という文。話し言葉ではこれでＯＫですが、「彼の話は、怪しい」としたほうがすっきりします。とりわけ、意味をあいまいにする修飾語は正確性を求められるビジネス文書には似合いません。

022
修飾語について

数字を入れると、たちまち具体的な文章に

正確を期したいときは、「大きな」「小さな」「高い」「低い」といった形容詞（修飾語）を数字に置き換えるといいでしょう。

> 重い手荷物の持込みは、禁止されています。

この文は、文法的には正しくても、どれくらい重い手荷物が禁止されているのかがわからず、読者をとまどわせます。

> 重さ 20 キロ以上の手荷物の持込みは、禁止されています。

このように、「数字」で明示することが必要です。「重い」を「重さ20キロ以上」と数字に置き換えることで、物事を正確に伝えられるのです。

このように「大小」「長短」に関わる修飾語は、できるだけ数字化したほうが、意味がより明確になります。「しばらく待ったのち、帰社した」なら、「10分待ったのち、帰社した」。「古い時代の建物を残す」なら、「19世紀の建物を残す」としたほうが、より具体的に情報を伝えられるはずです。

023
読点について

読者目線の正しい「、(てん)」の打ち方は？

句読点は、文章を区分けする重要な記号。句読点を適切に打つだけで、文章は格段に読みやすくなります。

> 私は温泉につかり妻は散歩に出かけ子供たちはテレビを見ていた。

この文は、小学生の作文レベルですが、読点「、」が打たれていないため、ひじょうに読みにくい文になっています。この文は、二つの読点を打つだけで、ぐんと読みやすくなります。

> 私は温泉につかり、妻は散歩に出かけ、子供たちはテレビを見ていた。

読点は、文中のつなぎ目に打つのが基本。「私は温泉につかり」が最初のワンセットであり、そこで主語が変わるので、読点を打ちます。「妻は散歩に出かけ」で、文がもう一度切れ、また主語が変わるので、そこに読点を打ちます。

読点が適切に打たれていると、読者は文の構造を理解しやすくなります。

024
読点について

「、(てん)」が多いとかえって読みにくくなる理由

読点は、文の切れ目で打つのが基本。数多く打ちすぎると、かえって意味がとりにくくなるうえ、誤った意味に読みとられることも多くなります。

> 漫画家の、手塚治虫が『ゲゲゲの鬼太郎』で名高い、水木しげるよりも、偉大とされている、理由は、手塚を師と思う、漫画家が多数いるからだ。

この文が読みづらいのは、読点の数がやたらと多いため、かえって文の区切りを見分けにくくなっているからです。この文章の冒頭部分のように「漫画家の、手塚治虫が『ゲゲゲの鬼太郎』で名高い」と区切ると、『ゲゲゲの鬼太郎』が手塚の漫画とさえ誤解されかねません。正しくは、次のように読点を打ちます。

> 漫画家の手塚治虫が、『ゲゲゲの鬼太郎』で名高い水木しげるよりも偉大だとされている理由は、手塚を師と思う漫画家が多数いるからだ。

025
読点について

長い主語のおわりには「、(てん)」を打つのが基本

主語が長いと、意味を読みとるのに苦労します。

子供の頃から魚を食べなれていない若者は大人になってからも魚をあまり食べない。

この場合、主語の終わりに読点を打つといいでしょう。

子供の頃から魚を食べなれていない若者は、大人になってからも魚をあまり食べない。

また、目的語が長くなったときも、その終わりで読点を打つのがコツです。たとえば、「彼は、自分が魚嫌いになった理由を誰にも語ろうとしない」という文の場合、「彼は、自分が魚嫌いになった理由を、誰にも語ろうとしない」と「、」を入れるだけで、ずいぶん読みやすくなります。

026
読点について

「バブル崩壊によって銀行経営が悪化した」はなぜ読みにくい？

読点は、文章の前後の関係を整理するときにも、うまく使いたいものです。

> 子供のことが気にかかるので私は、親同士のつきあいを避けるわけにはいかない。

この文の意味がとりにくいのは、読点が適切に打たれていないからです。

> 子供のことが気にかかるので、私は親同士のつきあいを避けるわけにはいかない。

「子供のことが気にかかるので」という理由説明の後に、読点を打つことで、文全体の前後関係がはっきりして、わかりやすい文に変わります。

もっと短い文でも、説明や理由を示したあとには、読点が必要です。たとえば、「バブル崩壊によって銀行経営が悪化した」という文。20字ほどですが、「バブル崩壊によって、銀行経営が悪化した」と、原因説明の後に読点を打つだけで、わかりやすい文章になります。

027
読点について

意味の切れ目が文の切れ目と考えよう

肝心の文の切れ目に読点がなく、よけいなところに読点がある文は、読む人を困惑させます。

> 台風がこのままの勢力で、沖縄に到達すると九州地方も、大荒れになるだろう。

「台風がこのままの勢力で沖縄に到達する」ことが、後半の「九州地方も大荒れになる」ことの前提条件になっていますので、前提条件を示し終えたところで、読点を打ち、文をいったん切ると、意味がとりやすくなります。この文では、読点はその１か所で十分です。

> 台風がこのままの勢力で沖縄に到達すると、九州地方も大荒れになるだろう。

では、「台風が接近するなか困難な救出活動が、夜を徹してつづいた」という文を読みやすくするには、どうすればいいか。「台風が接近するなか、困難な救出活動が夜を徹してつづいた」とします。これは、状況説明のあとに読点を打ち、読みやすくした例です。

028
読点について

「、(てん)」こそが場面転換のサインです

文中で、場面が転換するときや時間が移行するときにも、読点を打ちます。

> 奥尻島に打撃を与えた地震ののち近海マグロの動きが変わった。

この文には読点がないため、どこで場面が変わるのか、時間が経過したのか、わかりにくくなっています。そこで、1か所に読点を打ってみましょう。

> 奥尻島に打撃を与えた地震ののち、近海マグロの動きが変わった。

「奥尻島に打撃を与えた地震ののち」の次に読点を打つことで、文中の時間の流れに区切りをつけることができ、読みやすくなります。

これは、短い文でも同様です。「引っ越し後挨拶回りをする」という文章が、短いわりに意味がとりにくいのは、「引っ越し後」という場面転換のあとに、読点が打たれていないからです。「引っ越し後、挨拶回りをする」とするだけで、読みやすくなります。

029
読点について

「、（てん）」一つで意味が変わってしまう①

読点は、打ち方によって文全体の意味が変わるケースがあります。名詞を並べるときにも、そうした現象が起きます。

> 日本を代表する都市である東京と京都と大阪に、新しいホテルが建つ。

この文章では、「日本を代表する都市」が東京だけなのか、京都も大阪も含まれているのか、はっきりしません。まず、東京、京都、大阪の三都市すべてが日本を代表する都市なら、

> 日本を代表する都市である、東京と京都と大阪に、新しいホテルが建つ。

とすれば、その意味をはっきり表せます。「日本を代表する都市である」の後に読点を打つと、「東京、京都、大阪」全体にかかることになるからです。一方、東京だけを「日本を代表する都市」と書きたいときは、次のようにします。

> 日本を代表する都市である東京、さらに京都と大阪に、新しいホテルが建つ。

030
読点について

「、(てん)」一つで意味が変わってしまう②

読点の打ち方で、文意が変わってしまう他のケースも紹介しましょう。

> イギリスは一丸となって独立を求めるスコットランドをたしなめようとした。

この読点が一つもない文章は、二通りの意味に読みとれます。「一丸となって」いるのが、イギリスなのかスコットランドかが、よくわからないのです。「一丸となって」いるのがイギリスであるという意味に書きたいときは、

> イギリスは一丸となって、独立を求めるスコットランドをたしなめようとした。

逆に、「一丸となって」いるのがスコットランドであれば、

> イギリスは、一丸となって独立を求めるスコットランドをたしなめようとした。

とします。というように、読点一つで意味を明確にできるのです。

031
読点について

ひらがなのつづく文は、読点で区切って読みやすくする

このあとあらたまったかたちでご挨拶をしたいと思います。

このように、ひらがながつづく文は内容が平易でも読みにくいもの。そんな場合は、読点で区切ると、意味がとりやすくなります。

このあと、あらたまったかたちで、ご挨拶をしたいと思います。

また、ひらがなの多い文は、意味が間違えてとられることもあります。たとえば、「これからはきものの時代だ」という文は、読む人によって二通りに解釈できます。「履物の時代」と「着物の時代」のどちらにでも読みとれるからです。次のように読点で区切ると、履物について書いたのか、着物について書いたのかが、はっきりします。

これから、はきものの時代です。
これからは、きものの時代です。

032
句点について

ヘンな場所に句点を打ってはダメ

句読点のうち、「。」は句点と呼ばれます。句点は一つの文に何度も打つものではなく、文末に一つが大原則。「近年、東南海地震の確率が高まっている。と言われる。」という文には、二つの句点があるため、読む人をとまどわせてしまいます。

「近年、東南海地震の確率が高まっていると言われる。」とすれば、読者を無用に混乱させない文章になります。

「句点は文末に一つ」と心得ていても、途中でつい句点を打ちたくなるのは、セリフや独り言を引用したときでしょう。

> そんなことを言うとバチが当たる。と思った。

といった場合です。このような場合は、句点の代わりに「　」や『　』を使うのがコツ。

> 「そんなことを言うとバチがあたる」と思った。

とすれば、いいでしょう。「そんなことを言うとバチが当たる――と思った」とダーシを使って表すテクニックもあります。

033
句点について

長い一文は、句点を使って2文に分けられないか考える

長い文章は、句点を使って二つ以上に区切ると、読みやすくなります。たとえば、次のような長い文です。

人は生まれたときはみな無収入であり、歳を重ねるごとに収入格差が生じるから、高齢化が進む社会では、格差が広がって当たり前ではないのか。

この文章、句点を入れて文を二つに分け、次のようにするとどうでしょう。

人は生まれたときはみな無収入であり、歳を重ねるごとに収入格差が生じる。だから、高齢化が進む社会では、格差が広がって当たり前ではないのか。

句点を使って二文に分けることで、読みやすくなったはずです。とりわけ、接続助詞の「が」が入る文は、まず二つに分けることを考えましょう。たとえば、「昨日、某社との商談のため、徳島に向かったが、本日は移動して高松にいる」という文。この文は、「昨日、某社との商談のため、徳島に向かった。本日は移動して高松にいる」と二文に分けると、意味がとりやすくなります。

COLUMN 1

「、(てん)」を打つにはコツがいる

次の文に読点を入れてください。また、不要な読点を削ってください。

(正解は48ページ)

❶ イチョウの仲間が2億年前の恐竜時代にすでに栄えていたことは化石が、証明している。

❷ 一人暮らしの若者や、老人といった単身世帯は標準世帯に比べて、収入が少なくなりやすい。

❸ あの会社は漫画と、少女小説で、稼いできた。

❹ いまどきの若者は長嶋茂雄が、国民的スターだったことを知らない。

❺ 日本の発展のために設立された古き伝統とは一線を画した大学。

〔正解〕

❶ イチョウの仲間が２億年前の恐竜時代にすでに栄えていたことは、化石が証明している。

❷ 一人暮らしの若者や老人といった単身世帯は、標準世帯に比べて、収入が少なくなりやすい。

❸ あの会社は、漫画と少女小説で、稼いできた。

❹ いまどきの若者は、長嶋茂雄が国民的スターだったことを知らない。

❺ 日本の発展のために設立された、古き伝統とは一線を画した大学。

Lesson2

一目おかれる文章力を一瞬で身につける方法

034
接続詞について

「意味の取りにくい文章」の共通点とは？

文章術の本には「接続詞を使いすぎると、文章が幼稚にみえる」と書いてあるもの。だからといって、接続詞を下手に省略すると、いよいよ読みにくい文章になります。

> 彼は二浪の末、ようやく大学に入った。彼は、２年も留年したのち、大学を卒業した。卒業しても、彼の就職先は決まっていなかった。

この文が、簡単なことしか言っていないのに、意味がとりにくいのは、接続詞を省略しているからです。

> 彼は二浪の末、ようやく大学に入った。さらに彼は２年も留年したのち、大学を卒業した。だが、卒業しても、彼の就職先は決まっていなかった。

名文家と呼ばれる人は、接続詞を多用せず、ここぞというときに使います。けれども、それは鍛え上げたプロの芸。普通の人はそうはいきません。とりわけ、ビジネス文書は、意味がはっきり通じなければ、役立たないので、普通の文章以上に接続詞を積極的に使っていいのです。

035
接続詞について

その「が」は本当に必要ですか

　では、接続詞や接続助詞の扱い方を一つずつ具体的に紹介していきましょう。まずは、落とし穴の多い接続助詞「が」です。とりわけ、逆接でないのに「が」を使うと、悪文の見本のようになってしまいます。

> 　来週、３日間、九州に出張する予定だが、それまでに社内での意見をまとめておきたい。

　この文、前半の「九州に出張する予定」と、後半の「社内での意見をまとめておきたい」は、逆接の関係にはありません。実際には順接なのに、逆接的な「が」を使っているので、読者をとまどわせる悪文になっています。

> 　来週、３日間、九州に出張する予定なので、それまでに社内での意見をまとめておきたい。

　日常会話では、「タバコを吸いたいのですが、かまいませんか」「失礼ですが、○○さんでは？」など、単なるつなぎ言葉として「が」が多用されていますが、文章で使うと悪文化してしまうので要注意です。

036
接続詞について

ガーガーうるさい文章を書いてはいけない

前章でも述べたように、「が」でつないでいく「が・が」文は、悪文の典型です。

> 日本の漫画は、かつては低俗文化の代表のようにいわれていたが、いまはクール・ジャパンの代表のようにいわれるが、近年、有力な新人漫画家の数が減っている。

この文では、接続助詞としての「が」を２回も使っているために、読む人は混乱します。この文章を直すには、文章を適切な場所で切り、「が」を適切な接続詞に言い換えることです。

> 日本の漫画は、かつては低俗文化の代表にようにいわれていた。それが一転、いまはクール・ジャパンの代表のようにいわれる。ただし、近年、有力な新人漫画家の数が減っている。

このように、短文を積み重ねることを心がけると、「が」の数が自然に減って、「が・が」文を書かなくなるものです。

037
接続詞について

「しかし、今日は雨がよく降る」の「しかし」について

「しかし」は、逆接の接続詞です。ところが、日常会話では、逆接ではなくても、話題を変えるときなどに、かるく使われています。「しかし、今日は雨がよく降るなぁ」「昨日、部長と飲んだよ。しかし、よくしゃべる人だね」という具合です。日常会話はそれでよいのですが、文章では、そうはいきません。

> 日本人には、コーヒー党が少なくない。しかし、日本人がコーヒーを好きになったのは、いつごろからだろうか。

この文章は、前の文と後の文が逆接ではないのに、「しかし」でつないでいます。文章では、こうした「しかし」の使い方はルール違反になります。

> 日本人には、コーヒー党が少なくない。日本人がコーヒーを好きになったのは、いつごろからだろうか。

この場合、接続詞を除いても、文章はつながっています。接続詞でつなぐとすれば、「ならば」や「では」を使うといいでしょう。

038
接続詞について

文章の展開と流れは極力シンプルに

「しかし」は逆接の接続詞。ただし、逆接の場面でも使いすぎると、とんでもない文章になっていきます。たとえば、次の文章です。

夏休みに、私はハワイに行きたい。しかし、会社が長期休暇をくれるだろうか。しかし、家族も楽しみにしているのだ。しかし、部長が許可をくれるかどうかは、わからない。

内容は簡単なのに、「しかし」を使いすぎているため、意味がよくわからなくなっています。文章の流れを整理すると、「ハワイに行きたい」→「でも無理」→「でも行きたい」→「でも無理」となっています。その流れのなか、「しかし」で前の文を繰り返し否定しているため、意味がとりにくくなっているのです。この流れを整理すると、「しかし」を使うのは一度だけですみます。

夏休みに、私はハワイに行きたい。家族も、楽しみにしている。しかし、会社が長期休暇をくれるか、部長が許可をくれるかどうかは、わからない。

多用を避けたい逆接の接続詞は、「しかし」だけではありません。「しかし」を「だが」「けれども」や「ところが」に言い換えても、同じこと。何度も使うと、論旨のとりにくい文章になってしまいます。たとえば、次の文章です。

> 日本社会で生きていくうえで、敬語は重要だ。しかし、敬語はむずかしく、大学生でも使いこなせない。だが、習得しないことには、先輩ともつきあえないし、就職もできない。けれども、大学生でも使いこなせないという点で、敬語のハードルは高すぎる。しかし、社会に出れば、いつのまにか敬語を使いこなせるようになっているものだ。

この文章の読みにくさの原因は、逆接の連続になっていること。この文章を整理すると、「敬語を肯定」→「敬語に疑問」→「敬語を肯定」→「敬語に疑問」→「敬語を肯定」という構造になっています。この文章も、次のように整理すれば、「しかし」を一度使うだけですみます。

> 日本社会で生きていくうえで、敬語は重要だ。敬語を習得しないことには、先輩ともつきあえないし、就職もできない。たしかに敬語はむずかしく、大学生でも使いこなせないという意見がある。敬語のハードルは高すぎるというのだ。しかし、社会に出れば、いつのまにか敬語を使いこなせるようになっているものだ。

039
接続詞について

文章のテンポを悪くする言葉とは？

「そして」は、文章をつなげるうえで便利な接続詞ですが、安易に使うと、小学生の作文のような幼稚な文章になってしまいます。

> その日、彼は体調が悪く、病院で診察を受けた。そして、彼は、医者から糖尿病と診断された。そして、彼は血糖値をコントロールするため、治療薬を飲みつづけることになった。そして、彼は毎月、医者にかかることになった。

同じ接続詞が何度もつづくと、テンポが悪くなり、ドタバタした印象の文章になってしまいます。

> その日、彼は体調が悪く、病院で診察を受けたところ、医者から糖尿病と診断された。血糖値をコントロールするため、彼は治療薬を飲みつづけることになり、毎月、医者にかかっている。

文章を書いているときは、文がつながっているかどうか、不安になり、つい「そして」と書きたくなるもの。しかし、読み返してみると、じつはいらないと気づくケースが多いものです。

040
接続詞について

「なぜなら」はいらない。なぜなら…？

「なぜなら」は、理由を説明するときに使う接続詞。この接続詞を使うと、大げさで押しつけがましい印象の文になりがちです。「彼は、大学を３年で中退した。なぜなら、勉強する気が失せたからだ」という文に、「なぜなら」は必要ありません。

「彼は、大学を３年で中退した。勉強する気が失せたからだ」

で十分です。こんなシンプルな文章の中に「なぜなら」を入れると、文の中身に似合わないこともあって、大げさな印象を与えてしまうのです。また、

> 私は、増税に賛成だ。なぜなら、このままでは財政が破綻してしまうからだ。

という文にも、「なぜなら」はいりません。

> 私は、増税に賛成だ。このままでは財政が破綻してしまうからだ。

で十分。文末を「からだ」で結び、理由を提示すれば、「なぜなら」でつなぐ必要はないのです。「というのも」も、同様です。「なぜなら」と「というのも」は、ここぞというときだけに使う言葉と心得ておきましょう。

041
接続詞について

「よって」「また」「そこで」も削れる"つなぎ語"

ビジネス文書では、論旨を明確にするため、接続詞を積極的に入れたほうがいいと述べましたが、その一方、不必要な接続詞を削ることも必要です。

「そして」「なぜなら」のほか、「よって」「また」「そこで」も、その多くは削れる接続詞です。たとえば、次の文です。

> １９１０年、安部磯雄は早稲田の初代野球部長となった。そこで、安部は早慶戦の開催に尽力した。よって、早慶戦は世の中で評判を得るようになっていく。

この文には、「そこで」「よって」というつなぎ語が含まれていますが、ほとんど生きていません。むしろ、邪魔で、不必要なつなぎ語であり、文章をまだるっこしくしています。

> １９１０年、安部磯雄は早稲田の初代野球部長となり、早慶戦の開催に尽力した。早慶戦は世の中で評判を得るようになっていく。

このように、「そこで」「よって」を削っても、意味は十分通じます。余分なつなぎ語を削り、有効なつなぎ語だけを残してこそ、論旨はより明確になります。

042
接続詞について

文と文をつなぐ言葉が必要なケース

手順を説明する文章など、順序を明確にしたいときには、文と文をつなぐ言葉が必要です。たとえば、次の文です。

> シジミの味噌汁をつくるには、シジミの砂抜きからはじめます。２時間ほど水に浸けたのち、シジミを引き上げます。鍋にシジミと水を入れて、強火にかけ、沸騰させます。沸騰させたのち、弱火にして、アクをとります。味噌を入れたのち、ひと煮立ちさせたら、できあがりです。

この文がわかりにくいのは、つなぎ語がまったくないからです。「次に」「最後に」という順番を明確にするつなぎ語を入れると、一気に読みやすくなります。

> シジミの味噌汁をつくるには、シジミの砂抜きからはじめます。２時間ほど水に浸けたのち、シジミを引き上げます。次に、鍋にシジミと水を入れて、強火にかけ、沸騰させます。沸騰させたのち、弱火にしてアクをとります。最後に味噌を入れて、ひと煮立ちさせたら、できあがりです。

043
接続詞について

“文章接続”の成功例・失敗例に学ぶ

> そのとき、私には心の準備がなく、突然の指名にしどろもどろになった。

この文章は、前半と後半がうまく接続していない例。この文には、前半に理由、後半に結果が書かれていますが、「私には心の準備がなく」という表現が舌足らずなため、両者の関係がはっきりしなくなっているのです。

前半が理由、後半が結果であることをはっきり示すには、

> そのとき、私には心の準備がなかったので、突然の指名にしどろもどろになった。

このように「準備がなかったので」と理由を示すつなぎ方にすることで、因果関係のはっきりした文になります。その分、読む人は文意を追いかけやすくなります。

また、「京都は日本屈指の古都であり、名刹目当てに観光客が多く訪れる」という文も、ややあいまいな形でつながっている例。「京都は日本屈指の古都であるため、名刹目当ての観光客が多く訪れる」と、つなげば、前半と後半の関係がはっきりします。

044
接続詞について

「〜し」でつづく文章は、二文に分けることを考える

スポーツ選手には、インタビューに答えるとき、「と思いましたし」「と考えますし」と、「〜し」で言葉をつないでいく人が多いもの。会話でも聞き苦しいものですが、これを文章で使うのはＮＧ。「〜し」で何度も文章をつなぐのは、最も稚拙な方法といっていいでしょう。たとえば、次の一文には「〜し」が２度登場します。

> 低調な議論がつづくなか、彼が新たな提案をし、少なからぬ出席者がその提案に興味を示し、会議の流れは変わった。

「し」の多用によって、ギクシャクしているうえ、くどさを感じさせる文章になっています。次のように、「〜し」を少なくすると、すっきりします。

> 低調な議論がつづくなか、彼は新たな提案をした。少なからぬ出席者がその提案に興味を示し、会議の流れは変わった。

「〜し」で文をつなげず、文をいったん切ってしまえばいいのです。

045
接続詞について

意見を強力に主張するなら「たしかに」「しかし」が有効

逆接の「しかし」は、強い印象を与える接続詞です。使いようによっては、説得力を生み出します。とくに、「たしかに」と組み合わせて、「たしかに〜だ。しかし、〜である」と続けると、かなり強力な表現になります。たとえば、次の文です。

> この改革案には、社内の風通しを悪くするのではないかという懸念があるが、いま改革を断行しないと、社内の硬直化に歯止めがきかなくなる。

この文章を、「たしかに〜しかし」を使って表してみると、説得力が増します。

> たしかに、この改革案には、社内の風通しを悪くするのではないかという懸念がある。しかし、いま改革を断行しないと、社内の硬直化に歯止めがきかなくなる。

このように、「たしかに」で反対意見をいったん受け止めたうえで、「しかし」以後に自分の主張を書くのです。すると、反対意見を踏まえたうえで、自身の考えを強調することができます。

046
文末の処理について

同じ文末が3回つづいたときは、変化をつける

> 昨晩、彼からよくわからないメールが届いた。答えようがないので、すぐには返信しなかった。今朝、彼に内容を確かめるメールを送った。午後、彼から長いメールが届いた。

この文章が幼稚に映るのは、四つの文末がすべて「た」で終わっているため。「た」「た」「た」「た」と4回も同じ表現で文を締めるのは、あまりにワンパターンです。「届いた」という文末が2度出てくるところも芸がありません。以上の点を踏まえ、先ほどの文は、次のようにするといいでしょう。

> 昨晩、彼からよくわからないメールが届いた。答えようがないので、すぐには返信しなかった。今朝、内容を確かめるメールを送ったところ、午後、長い返信が送られてきた。

文末に「た」以外を持ってくることで、アクセントが生まれ、文章のテンポがよくなります。原則として、同じ文末を3度はつづけないほうがいいでしょう。3度つづいたときは、一つは変えるように工夫しましょう。

047
文末の処理について

「です・ます」と「だ・である」の混用はＮＧ

文章には「です・ます」調と「だ・である」調があります。文章を書くときは、どちらかに統一するのが大原則。「です・ます」調と「だ・である」調をまぜて書くと、よほどの手練れでないかぎり、読む人を混乱させてしまいます。

現代は、男性受難の時代といわれますが、私の見解は違う。かつて、男性は女性にモテるため、必死でした。女性にモテようとも思わない男性は、変人扱いもされた。けれども、いまはどうだろう。オタクのように、女性にモテなくても平気という男性が多々現われている。男性は、ラクになったのです。

上の文章を「です・ます」に統一すると、次のようになります。

現代は、男性受難の時代といわれますが、私の見解は違います。かつて、男性は女性にモテるため、必死でした。女性にモテようとも思わない男性は、変人扱いもされました。けれども、いまはどうでしょう。オタクのように、女性にモテなくても平気という男性が多々現われています。男性は、ラクになったのです。

048
文末の処理について

「れる」と「られる」の使い分けは文章の基本

「れる」「られる」の使い分けは、日本語力が問われるところです。

> このごろは、よく寝れるようになり、なんでも食べれる。

この文は、「ら抜き言葉」と呼ばれる誤った日本語を含んでいます。

> このごろは、よく寝られるようになり、なんでも食べられる。

としたいところです。「ら抜き言葉」になりやすい言葉には、「寝られる」「食べられる」のほか、「見られる」「着られる」「出られる」「来られる」などがあります。逆に「れる」で正しいのは、「書かれる」「行かれる」など。

どちらが正しいかを見分けるコツは、その動詞に「ない」をつけてみること。そのさい、語幹が「い段」「え段」で終わるときは「られる」。それ以外は「れる」をつけるのが正解です。たとえば「食べる」に「ない」をつけると「食べない」となって、語幹の終わりは「べ」なので「え段」。だから「食べられる」となるのです。

049
文末の処理について

「します」と「ことです」の使い分けは案外やっかい

文末の処理を誤ると、てきめんにその文はおかしな文章になってしまいます。

> 今年の抱負は、日本百名山のうち、五山に登りたいです。

この文に違和感があるのは、主語である「今年の抱負」と文末の「登りたいです」という述語が対応していないから。この文では、事実上、途中で主語が変わり、述語「登りたいです」の主語は、文中にない「私」になっているのです。正しくは、

> 今年の抱負は、日本百名山のうち、五山に登ることです。

となります。他の文章でも、この「〜します」と「〜ことです」という二つの語尾はしっかり使い分けたいもの。「私」や「彼」「彼女」が主語のときは、「〜します」が文末にきます。一方、「私の抱負」「彼の弱点」といった性質や考え、役割などが主語のときは、文末は「〜ことです」になります。

050
文末の処理について

「ことです」と「ものです」の使い分けはかなりやっかい

文末で誤用しやすいのが、「ことです」と「ものです」。使い方は微妙に違います。

> レギュラーになりたければ、自分自身に何が不足しているか、尊敬できる人に相談してみるものです。

この文は、誤り。正しくは、次のようになります。

> レギュラーになりたければ、自分自身に何が不足しているか、尊敬できる人に相談してみることです。

「ものです」「ことです」のどちらを使うかで、意味が違ってくることもあります。

たとえば、「組織に属するなら、上司に従うものです」「組織に属するなら、上司に従うことです」の二文を比べると、前者の「従うものです」は、従うのが当然という意味になります。一方、後者の「従うことです」は、従ったほうがいいと忠告している言葉になります。

051
文末の処理について

「する」と「させる」の使い分けは文章のキモ

「する」と「させる」の使い分けも、書き手の文章力が問われるポイント。

> 中東の紛争によって、原油価格が上昇させる。

この文は、選び方を誤ったケース。正しいのは、次のいずれかの文です。

> 中東の紛争によって、原油価格が上昇する。
> 中東の紛争が、原油価格を上昇させる。

文法的には、「する」は自動詞で、「させる」は他動詞です。どちらを使うかは、文の構造によって変わってきます。

「高齢化社会の到来によって、年金が不足する」は、自動詞の「する」を使った文です。これを他動詞「させる」を使った文にすると、「高齢化社会の到来が、年金を不足させる」となります。

自動詞「する」を使った文では主語だった「年金」が、他動詞「させる」の文では「年金を」という目的語になるのです。

052
文末の処理について

体言止めを使うと効果的なケース、軽薄になるケース

体言止めは、うまく使うと、文章のキレをよくし、テンポを生み出します。ただし、両刃の剣のようなところもあり、使いすぎると幼稚な文章になるうえ、誤解を招きます。

> イベント会場には、予想以上に大勢の人が来ています。どのブースも、長蛇の列。さばききれないスタッフ。苛立ちはじめるお客。このままでは、お客の不満が爆発。至急、ヘルプ。

この文章では、五つもの体言止めが使われています。ここまでくると、体言止めの長所は失われ、短所ばかりが目立ちます。幼稚なうえ、舌足らずな印象を与えるのです。

> イベント会場には、予想以上に大勢の人が来ています。どのブースも、長蛇の列。スタッフはさばききれず、お客は苛立ちはじめています。このままでは、お客の不満が爆発しかねません。至急、ヘルプの人員をお願いします。

体言止めは、数百字以上の文章を書いたとき、一、二回程度使うのが目安でしょう。

053
文末の処理について

「だった」「した」…単調な文末にメリハリを出す方法

文章を書くと、とかく「だった」「した」などの過去形が多くなるもの。むろん、文末が過去形ばかりだと、文章全体がリズムを失い、単調になります。たとえば、次の文です。

> チェーン系居酒屋は、地方都市にも大挙進出した。安さを魅力として、古くからある居酒屋を圧迫した。地方の繁華街は変わった。

最終的には、地方の現状について伝える文章なのに、過去形ばかりで書いているため、臨場感に欠けます。どこか他人事のような文章となり、読む人をひきつけません。そこで有効になるのが、現在形の投入です。現在形をはさむだけで、文章に精彩が生じるのです。

> チェーン系居酒屋は、地方都市にも大挙進出した。安さを魅力として、古くからある居酒屋を圧迫している。地方の繁華街は変わりつつある。

もちろん、すべてを現在形にする必要はなく、要所に現在形を入れることで、文にメリハリをつけられるのです。

054
文末の処理について

「おそらく、首相は近日中に辞任する」はなぜヘンか

副詞には、文末とセットで使う言葉があります。その点をうっかりすると、文章は意味不明になってしまいます。

たとえば、「いっこうに彼の病状は悪化したままだ」という文は破綻しています。「いっこうに」という副詞は、文末の「ない」とセットで使うのに、そうなっていないからです。

「いっこうに」を使うなら、「いっこうに彼の病状は好転しない」とする必要があります。

ほかにも、「かならずしも」「とうてい」「少しも」は、「ない」とセットになる副詞。一方、「おそらく」は「だろう」とセットになる副詞です。

> おそらく、首相は近日中に辞任する。

このフレーズは口語ではＯＫでも、文章にすると違和感が生じます。「おそらく」は「だろう」とセットで使う副詞だからです。

> おそらく、首相は近日中に辞任するだろう。

055
わかりやすい文章について

述語を少なくするほどスマートな文章に

わかりやすい文章にするコツの一つは、述語の数を少なくすることです。

> その日、私は、京都を東から西へ、清水寺、南禅寺、銀閣寺を訪れ、下鴨神社を歩き、大徳寺、金閣寺、仁和寺に参拝した。

この文がごちゃごちゃしているのは、「訪れ」「歩き」「参拝した」と三つも述語があるからです。

> その日、私は、清水寺、南禅寺、銀閣寺、下鴨神社、大徳寺、金閣寺、仁和寺と、京都を東から西へと巡った。

とすれば、述語を一つにできます。述語を「巡った」の一語ですませることで、ごちゃついた文が簡潔な文章になるのです。あるいは、「彼を誠実な人だと思うようになったのは、真面目な働きぶりに気づいたからだ」という文も、「思う」「気づく」という、意味の似た述語がダブっています。この文をシンプルにすると、「彼の真面目な働きぶりから、誠実な人だと思うようになった」となります。

056
わかりやすい文章について

「コーチと監督の罵声を浴びた」では誤解を招く

明快な文とは、誰が、何を、どうしたかが、はっきりわかる文章のこと。ところが、本人はそのつもりで書いていても、読むほうはとまどう文章もあります。たとえば、次の文。

コーチと監督の罵声を浴びた。

この文は、二通りに解釈ができます。一つは、「コーチとともに、監督の罵声を浴びた」というもの、もう一つは、「コーチと監督の両者から、罵声を浴びた」というものです。この場合、それぞれ、次のように書けばよいでしょう。

監督の罵声をコーチとともに浴びた。
……前者の場合
監督とコーチの二人から、罵声を浴びた。
……後者の場合

読者に二通りに解釈する余地を与えた原因は、主語が不明確なことです。そこで「私は、コーチと監督の罵声を浴びた」とすれば、罵声を浴びたのが「私」だとはっきりわかります。「誰が」をはっきりさせていなかったため、誤解を招く文章になったのです。

つながっていそうで、つながっていない文とは

世の中には、一見つながっているようでありがら、よく読むと、つながっていない文章があるもの。次の文はその一例です。

　○○球団が有力選手を獲得、Ａクラス入りを確保できるだろう。

この文が、つながっているようで、つながっていないのは、「有力選手を獲得」のあとに続く言葉が足りないからです。「獲得したので」なのか、「獲得すれば」なのかがわからないのです。そこで誤解が生じないように、次のいずれかのようにします。

　○○球団は有力選手を獲得したので、Ａクラス入りを確保できるだろう。
　○○球団が有力選手を獲得すれば、Ａクラス入りを確保できるだろう。

有力選手の獲得がすでに行われたことなのか、今後行われればという仮定の話なのか、そのあたりを明快にすることが必要です。

058
わかりやすい文章について

いろいろな事柄を並べるときのうまい処理法

文中に三つ以上の事柄を並べるときには、誤解を与えないような工夫が必要です。たとえば、次の文章です。

> メニューのデザート、スープおよびサラダの中から、それぞれお好みの１品をお選びください。

この文は、誤解されがちです。選べるのが、「デザート」「スープ」「サラダ」という三つのカテゴリーの中からなのか、「デザート」「スープおよびサラダ」という二つのカテゴリーの中からなのかが、わかりにくいからです。次のようにすると、どちらの意味なのか、はっきり伝わります。

> メニューのデザート、スープ、およびサラダの中から、それぞれお好みの一品をお選びください。
>
> ……三つのメニューの中からの場合
>
> メニューの「デザート」の中から１品、「スープおよびサラダ」の中から１品をお選びください。
>
> ……二つのメニューの中からの場合

059
わかりやすい文章について

慣用表現を使って、格調高く書こうとしてはダメ

文章を格調高くしたいときに、慣用表現を使うことがあります。たしかに、その効果で、読む人をひきつけられる場合もありますが、反面、使ったばかりに、意味が伝わらないというケースも生じます。

> この計画によって、狂瀾《きょうらん》を既倒《きとう》にめぐらせ、会社のＶ字回復を達成する。

「狂瀾を既倒にめぐらす」は、砕けかけた大波をもとへ押し返すことから、「敗勢を挽回する」の意味で使われます。ただし、現在では、誰もが知っている言葉ではありません。ここは、

> この計画によって、巨額の赤字を克服し、会社のＶ字回復を達成する。

という、わかりやすい文にしたほうがいいでしょう。

ほかにも、今では意味の伝わりにくい慣用表現が増えています。たとえば、「しのつく雨」は、篠竹を束ねて突き下ろすように、雨が激しくふるさまを指しますが、小雨程度に誤解している人もいるようです。多くの人に正しく理解してもらうためには、単に「激しい雨」としたほうがいいでしょう。

意味のとりやすい文を書くコツは、肯定文を使うこと

日本語は、文末まで読んではじめて、肯定文か否定文かがわかる構造になっています。文の基本は肯定文ですから、多くの人は肯定文であることを前提にして、文を読みすすめます。そのため、肯定文のほうが理解しやすいことが多いのです。

> 体のことを考えれば、ファストフード店で食事をしてはいけない。

この否定文を肯定文に変えると、

> 体のことを考えれば、ファストフード店以外の店で食事をするといい。

となります。

どうしても否定文を使いたい場合は、文の頭に否定文につながる副詞を入れるといいでしょう。「とうてい」「残念ながら」「けっして」「少しも」などの言葉は、最後に「ない」という否定を伴います。読む人は、これらの言葉が出てくれば、無意識のうちに、否定文であることを前提に読んでいきます。その分、誤解しにくくなるのです。

061
わかりやすい文章について

まずはイエス・ノーをはっきりさせよう

明快な文章を書く第一歩は、肯定か否定かをはっきりさせることです。そこをあいまいにすると、意味不明の文章になってしまいます。

> 大学生が学業をおろそかにしてアルバイトをしている現実は、時代の趨勢かもしれないが、政府の怠慢ではなかろうか。

この文は、何を言っているのか、さっぱりわかりません。学生がアルバイトすることに反対しているのでしょうが、是非を明確にしていないので、意味がとりにくくなっているのです。わかりやすい文章にするには、肯定か否定かを明確にする必要があります。

> 大学生が学業をおろそかにしてアルバイトをしている現実は、本末転倒であり、私は反対だ。

肯定・否定をはっきりさせると、反発を買いやすくなりますが、だからといって、その点をあいまいにすると、そもそも文章を書く意味がありません。

また、文章を書き慣れない人がうまく書こうとすると、とかく半疑問形など、ストレートではない表現を使いがちですが、これも文意を不明確にしがちです。

これからは、社内コンプライアンスが問われる時代になると考えてもいいのではなかろうか。

この文は、文末を半疑問形にしているため、意味がとりにくくなっています。

これからは、社内コンプライアンスが問われる時代になると考える。

このように、文末を疑問形にするのではなく、自分の意見を明示したほうが、好感度の高い、説得力ある文になります。

次も、意味があいまいな文章例です。

これからは、社内コンプライアンスが問われる時代かもしれない。

これもまた、「かもしれない」と文末をぼかしているため、読む人に意見を明快に伝える文になっていません。次のように書いたほうが、すっきりします。

これからは、社内コンプライアンスが問われる時代になる。

062
わかりやすい文章について

「〜ないわけではない」式の文を書いてはいけない

否定文の中でも、とくに使用を避けたいのが「二重否定文」。

たとえば、「私は、努力を評価していないわけではない」という文は、否定しているのか肯定しているのか、一読ではわかりにくいため、読む人をとまどわせます。

二重否定は否定の否定であり、要は肯定しているのですから、「私は、努力を評価している」と書けばいい話。一目で意味の読みとれる文になります。

おおむね、二重否定は物事を強調したいときに使う手法ですが、その場合も、誤解を招く恐れがあります。

> この病気が治らないことはありえない。

この文を書いた人は「かならず治る」という意味で書いているつもりなのでしょうが、これでは勘違いする人が出てきそうです。ここは、

> この病気はかならず治る。

と、シンプルに書いたほうがいいでしょう。

キーワードを目立たせる裏ワザとは？

日本語は、語順の自由度が高い言語。文末に述語が来ることが決まっているくらいで、ほかの言葉は比較的自由に並べられます。そこで、文章にアクセントをつけたいときは、語順に変化をつけるのも一法です。

> ２０１６年６月、イギリスは国民投票によってＥＵ離脱を決め、スコットランドは独立に向かってあらためて動き出した。

ポイントになるキーワードをアタマにすることで、強調することができます。

> イギリスは２０１６年６月、国民投票によってＥＵ離脱を決めた。一方、スコットランドは独立に向かって、あらためて動き出した。←イギリスを強調

> スコットランドはあらためて独立に向かって動き出した。２０１６年６月、イギリスの国民投票によるＥＵ離脱を受けてのことだ。←スコットランドを強調

064
「言いたいこと」を強調する

強調する言葉こそ、控えめに使うのがコツ

「とくに」「本当に」「とても」「大変な」など、強調を表す言葉の乱用は禁物です。いくつも使うと、読む人はどの点が強調されているのか、わからなくなってしまいます。「社員が本当に理解しているのか、社長は本当にわかっていないと本当に思う」という文では、三つも「本当に」を使っていますが、すべて不要。「社員が理解しているのか、社長はわかっていないと思う」で、十分通じます。

強調する言葉は、ここぞというときに使ってこそ効果的で、この文章の場合、使うとすれば、「社員が本当に理解しているのか、社長はわかっていないと思う」とするのが適切でしょう。次の文も、強調語を使いすぎた例です。

> この問題は非常に大きな課題であり、社員一人ひとりが大変な責任を負う。

「非常に」「大変な」と、強調語を二つも使うのは、大げさな感じを与えます。削っても、危機感は十分伝わるでしょう。

> この問題は大きな課題であり、社員一人ひとりが責任を負う。

065
「言いたいこと」を強調する

大げさな表現は、かえって読者を遠ざける

大げさな表現は、読む人を辟易させるもの。たとえば、次のような文です。

> 私たちは、室町文化の精髄に迫るべく、京都を訪れた。

本人は格好をつけたつもりかもしれませんが、「精髄に迫るべく」はあまりに大げさな表現。こうした表現は、読む人をシラけさせるもとです。

> 私たちは、室町文化についてより深く知ろうと、京都を訪れた。

読む人をひきつけようと、つい大げさな表現をしてしまうのは、テレビ番組の影響があるのかもしれません。ワイドショーなどでは、たいした話でなくても、「真相を究明」「正体を探る」「メスを入れた」などというナレーションが入ります。そうした大げさな表現は、ワイドショーのナレーションとしては常套句でも、書き言葉には不向きです。

「流行の居酒屋に潜入、人気の秘密を探った」という文も、「流行の居酒屋を訪れ、人気の秘密を探った」で十分です。

066
「言いたいこと」を強調する

読者の反発をおさえながら、思い切ったことをいうコツ

文章を書くときは、独りよがりな思い込みに注意したいもの。思い込みが強いと、自分の考えを〝世間の常識〟と考えがちで、それが文章にも反映されます。すると、てきめん、読む人の反発を誘う文になってしまうのです。

> 親がすすめる就職先には、間違いがないものだ。

この文には、書く人の思い込みが強く表れています。「親のすすめに従って子供が就職する」のは、書いた人にとっては「常識的」なことなのかもしれませんが、今や世の中の多くの人にとって、そうではなくなっています。この文を書いた人は、そこに気づいていないのです。

自分の考えを当然のことと一方的に決めつけない方がよいでしょう。少なくとも、「親がすすめる就職先に間違いは少ないと、私は思う」として、自分の考えはあくまで自分の考えとして表現するのが基本です。さらに、自分がそう思う根拠や前提条件を示すと、読者の反発をおさえられるはずです。

> 社会経験豊かな親がすすめる就職先に間違いは少ないと、私は思う。

067
前置きについて

前置きは短く、いきなり核心に入る

手紙文の時候の挨拶など、文章には前置きがつきものです。ただし、長い前置きはＮＧ。読む人を苛立たせてしまいます。

　日本のアニメーションは、世界でも人気がある。見るだけではおさまらず、アニメの世界で仕事をしてみたいという人も出てきた。アニメでの仕事は、作画のみとはかぎらない。声優もまたアニメに関わる一つの仕事であり、いま人気がある。小中学生の「なりたい職業ランキング」で、声優は上位にランクされている。ただ、声優は狭き門である。志望者の中でプロになれるのは１パーセントにすぎない。

上の文は、アニメをめぐる前置きが長すぎます。アニメをめぐる４行は不要で、テーマが声優なら、さっさと声優の話に入ればいいのです。

　声優は、いま人気の仕事であり、小中学生の「なりたい職業ランキング」で上位にランクされている。ただ、声優は狭き門である。志望者の中でプロになれるのは１パーセントにすぎない。

068
前置きについて

われながら陳腐と思う前置きは、すべてカット

前置きの中でも、われながら陳腐と思うような前置きは、それが数文字程度であっても、すべて削ったほうがいいでしょう。たとえば、次の文です。

　日本の春といえば桜だが、近年、中国からの観光客も、桜に興味を持ちはじめている。中国人の中には、桜のルーツを自国と考えている人もいる。中国では、桜は大きな人気を得なかったが、日本に渡った桜は、日本人から愛された。中国人は、そこに日本と桜の不思議を見ている。

この文章では、「日本の春といえば桜だが」の前置きが不要です。前置きの中身があまりに月並みなため、読む人を退屈させてしまいます。前置きを削ったほうが、すっきり読めます。

　近年、中国からの観光客も、桜に興味を持ちはじめている。中国人の中には、桜のルーツを自国と考えている人もいる。中国では、桜は大きな人気を得なかったが、日本に渡った桜は、日本人から愛された。中国人は、そこに日本と桜の不思議を見ている。

069
文章の展開について

報告文では、まず意見を書き、理由や根拠は後回しに

報告文や論説文は、自分の意見を相手に伝えるための文章です。自分の意見をわかってもらうには、それを最初に書くのがいちばん。逆に、自分の意見を文章の最後に回すと、伝わりにくくなります。

> A案、B案、どちらも魅力的と考える。A案は、その堅実さが魅力といえる。一方、B案が成功すれば、大きな利益を得られるだろう。ただし、B案はリスクが高すぎて、現状には向かないと思う。よって、A案を支持する。

この文は、最後にようやく書き手の意見が登場します。書いた人は、最後に結論を書こうと思ったのでしょうが、結局、何を言おうとしているのか、わかりにくい文章です。最初に意見をもってくると、次のようにわかりやすくなります。

> A案を支持する。支持する理由は、その堅実さ。一方、B案は、成功すれば、たしかに大きな利益を得られるだろう。ただし、リスクが高すぎて、現状には向かないと考える。

070
文章の展開について

説明文は、下手に技巧をこらすと失敗する

わかりやすい文章を書く基本は、時間順に書くこと。時間順に書くと、自然に読み手が理解しやすい文章になります。

　１５８２年、織田信長は、明智光秀に本能寺で討たれた。そこに信長の野望はついえたが、その３か月前、信長は武田勝頼を滅ぼしていた。それ以前、織田信長は武田信玄におびえ、石山本願寺に苦戦していた。織田信長が天下を意識したのは、美濃の斎藤氏を下し、岐阜を本拠にしてからとされる。

この文章を書いた人は、本能寺の変を最初に書くことで、読む人の興味を引こうとしたのかもしれません。しかし、かえってわかりくい文になっています。これを時間順に整理すると、次のようなわかりやすい文になります。

　織田信長が天下を意識したのは、美濃の斎藤氏を下し、岐阜に本拠を移してからのこと。その後、織田信長は武田信玄におびえ、石山本願寺に苦戦するが、1582年、武田勝頼を滅ぼす。ところが、その３か月後、信長は明智光秀に本能寺で討たれた。

071
文章の展開について

状況を説明する文では、ふだん以上に〝書く順番〟に注意

状況を説明する文章を書くときには、ほかの文章を書くとき以上に、〝書く順番〟に注意したいものです。

たとえば、「肌がべたつき、湿度が上がり、台風が近づいている」という文は、短いわりにごちゃごちゃしています。台風が近づいたときの状況を説明しようとしているでしょうが、書く順番を間違えているからです。

正しい順番で書くと、「台風が近づき、湿度が上がって、肌がべたつく」

となります。状況を説明するときは、大状況からはじめ、しだいに小さな状況を書いていくことが大事なのです。

次の文も順番を間違えています。

> 輸出企業の株が買われ、円安が進み、平均株価が２００円上がった。

発端は円安ですから、次のようにすると、すんなり意味の読みとれる文になります。

> 円安が進み、輸出企業の株が買われて、平均株価が２００円上がった。

072
文章の展開について

関連する事柄はまとめて書く

文章を書くときは「交通整理」が必要。関連する情報は、まとめたほうが、読みやすくなります。逆に、関連情報がうまくまとめられていない文章は、読みにくいものです。たとえば、次の文章です。

> 大学の略称は、訓読みでなく、音読みになりやすい。名古屋大学の場合、訓読みの「な大」ではなく、早稲田大学も「わ大」とはならない。名古屋大学は音読みの「名大《めいだい》」で、早稲田大学は「早大《そうだい》」だ。

この文章がごちゃついているのは、名古屋大学と早稲田大学という主語が交互に出てくるため。それぞれの例を別々にまとめると、次のように読みやすくなります。

> 大学の略称は、訓読みではなく、音読みになりやすい。名古屋大学の場合、訓読みの「な大」ではなく、音読みの「名大《めいだい》」、早稲田大学の場合、「わ大」とはならず、「早大《そうだい》」である。

関連する情報をまとめると、主語を省略でき、文章を短くできるというメリットもあります。

073
文章の展開について

よけいな情報を書くと、かえって伝わらない

情報は多ければよいというものではありません。文章を書くときも、よけいな情報を入れないことです。余分な情報を入れると、読みづらくなるうえ、本当に伝えたいことが伝わりにくくなってしまいます。

> 納期は７月15日でお願いできませんか。そういえば、今年１月の納期は30日、３月は28日、５月は31日でした。めずらしく、月半ばの納期となりますが、他意はありません。

この文章、「そういえば」から先は、いらない情報です。「他意はありません」と断っていても、相手は何か意図があるのではないかと勘繰るかもしれません。この文章は、次のように書けば十分です。

> 納期は７月15日でお願いできませんか。

よけいなことをあれこれ書いた文章は、読むほうの時間を奪います。時間節約のためにも、よけいな情報は書かないことです。

一つの段落に二つ以上の内容はいらない

文章を書きすすめるときは、一つの段落に二つ以上の内容を入れないのが原則です。

> かつて、日本ではスポーツマンタイプの男がもてた。日本のヒーロー像として、漫画では、強くて不良っぽい男がよく描かれた。彼らの引き立て役は、ガリ勉タイプの優等生だった。だが、バブルがはじける頃になると、強くて不良っぽい男の価値が下がった。

この文章は、一つの段落に、さまざまな情報を詰めすぎたため、わかりにくくなっています。次のように三つの段落に区切ると、読みやすくなります。

> かつて、日本ではスポーツマンタイプの男がもてた。日本のヒーロー像として、漫画では、強くて不良っぽい男がよく描かれたからだ。
>
> 一方、彼らの引き立て役は、ガリ勉タイプの優等生だった。
>
> だが、バブルがはじける頃になると、強くて不良っぽい男の価値が下がった。

075
段落について

改行するだけで、格段に読みやすくなる

改行するのは、話の内容が変化したとき。ただし、話の内容に変化がなくとも、積極的に改行したい場合もあります。

　月曜日、風邪の菌をもらったのか、悪寒がした。火曜日、体がだるい。それでも、会社に行く。水曜日、状態は変わらず、食欲はない。木曜日、朝、病院に行き、診察してもらう。処方薬を飲む。元気をつけるため、昼食はステーキにした。

これでも読めないことはありませんが、改行を増やすだけで、一読で情報が頭に入ってくるようになります。「曜日ごと」に分けるのです。積極的な改行によって、読みやすくなるうえ、テンポもよくなるケースもあるということです。

　月曜日、風邪の菌をもらったのか、悪寒がした。

　火曜日、体がだるい。それでも、会社に行く。

　水曜日、状態は変わらず、食欲はない。

　木曜日、朝、病院に行き、診察してもらう。処方薬を飲む。元気をつけるため、昼食はステーキにした。

076
箇条書きについて

“列挙”するときは、箇条書きにできないか考えてみる

理由などを列挙するときは、箇条書きが効果を発揮します。まずは、箇条書きではない普通の文章から。

> この本がお勧めなのは、まずは世界情勢の変化が手に取るようにわかることです。しかも、平易な言葉で書かれていて、読みやすくなっています。イラストが豊富で、視覚的に理解できるようになっています。また、コラムが充実して、周辺知識を広げていくのに便利です。

この文章でも悪くありませんが、箇条書きにするとより読みやすくなります。

> この本がお勧めなのは、次のような理由からです。
> 1　世界情勢の変化について手に取るようにわかる。
> 2　平易な言葉で書かれていて、読みやすい。
> 3　イラストが豊富であり、視覚的に理解できる。
> 4　コラムが充実して、周辺知識を広げられる。

なお、箇条書きにすると、書く側の頭の整理にもなり、情報の書きもらしが少なくなります。

077
箇条書きについて

箇条書きの行数が多くなったら、グループ分けを考える

箇条書きの数が多くなると、単に項目を並べるだけでは、わかりにくくなることがあります。たとえば、次のような箇条書きです。

海外旅行で、気をつけたいことは、次のとおり。
・生水を飲まない
・見知らぬ人についていかない
・女性は、肌の露出をひかえる
・屋台で魚介類を口にしない
・現金は持ち歩かず、クレジットカードを使う
・夜の地下鉄利用は、できるだけ避ける
・パスポートのコピーを用意しておく
・スマホやデジカメなどの充電器を忘れない
・バックパックで密集地を歩かない

上記の文では、傾向の違う項目がランダムに並んでいるため、情報が頭に残りにくいのです。

このように、箇条書きの項目が多いときは、内容ごとにグループ分けして、見出しをつけると、よりわかりやすくなります。

海外旅行で気をつけたいことは、次のとおり。

〔準備編〕

・パスポートのコピーを用意しておく

・スマホやデジカメなどの充電器を忘れない

〔市中移動編〕

・バックパックで密集地を歩かない

・見知らぬ人についていかない

・現金は持ち歩かず、クレジットカードを使う

・女性は、肌の露出を控える

・夜の地下鉄利用は、できるだけ避ける

〔飲食編〕

・生水を飲まない

・屋台で魚介類を口にしない

このように整理すれば、読む人は格段に理解しやすくなります。

COLUMN 2

「文章技法」のコツとポイント

◎古今東西で使われてきた文章テクニックを知っていますか？

ここでは文章を書くにあたって、古今東西で使われてきた読者の興味を魅きつけるテクニックを紹介しましょう。その代表的な７つの手法です。

1　倒置法……通常とは言葉の順序を逆にして、読む人をハッとさせるテクニック。たとえば、普通は「ルビコン川を渡ったからには、二度と戻れない」と書くところを、「二度と戻れない、ルビコン川を渡ったからには」と書くのが、倒置法です。

2　体言止め……体言（名詞）で文を終わらせ、テンポを生み出す手法。たとえば、「満天の空に星がきらめく」の体言止めは、「満天の空にきらめく星」。

3　対句法……対照的な二つの言葉を並べることで、文の調子を高めるテクニック。うまくいけば、強い印象を与えられます。「上に政策あれば、下に対策あり」「谷深ければ、山高し」など。

4　押韻……文の初めや終わりに同じ音を並べるテクニック。文の調子を整え、音楽的な響きを与えます。「行きは極楽、帰りは地獄」「来た、見た、勝った」など。

5　反復法……同じ言葉を繰り返すテクニック。相手の感情を揺さぶるのに適しています。「ついに、その日がやってきた。最も恐れてきた日がやってきたのだ」など。

6　比喩……ものにたとえることで、印象を強くするテクニック。直喩、隠喩、擬人法があります。

まず直喩は、「〜のような」「〜のように」などと使う、ストレートな技法。「地球は、宇宙の中で非常に小さい」ことを直喩で表現すると、「地球は、宇宙の中では芥子粒のような存在だ」となります。

一方、隠喩では、「〜のような」を使わず、「地球は、宇宙の芥子粒だ」となります。

擬人法は、人間でないものを人間になぞらえて表現するテクニック。「大地が怒り、海が泣いている」など。

7　呼びかけ法……呼びかけをして、相手の感情に訴えるテクニック。通常は「ここからが本番です」と書くところを、「さあ、ここからが本番です」と呼びかけるように書く手法です。

Lesson3

記憶に残る「いい文章」はどこが違うか

078
文章をダメにする言葉

「○○的」「○○化」「○○性」を使ってはいけない

「○○的」「○○化」「○○性」は、便利な言葉です。「普遍的な価値を共有する」「同一性を確認する」「日本の近代化は、なぜ成功したのか」といった言葉はなじみのあるものでしょう。ただ、「○○的」「○○化」「○○性」の連発は考えものです。

> 彼は世間的な指弾を受け、孤立化した。人間性を問われたのだ。

この文は、「○○的」「○○化」「○○性」を使わず、次のようにしても、伝わります。

> 彼は世間から指弾され、孤立した。人間としてのあり方を問われたのだ。

「○○的」「○○化」「○○性」は使うと、教養がありそうにみえる文章になると思っている人もいそうですが、反面、文章がカタくなるというデメリットもあります。また、「○○的」「○○化」「○○性」と言葉をぼかすことによって、意味があいまいになるという欠点もあります。

079
文章をダメにする言葉

たいていの「こと」は省いて簡潔にできる

文章をくどくする原因の一つに、「こと」の多用があります。「こと」は便利な言葉なので、つい使いがちですが、じつは無用な「こと」が多いのです。

> 転職活動で注意したいことは、会社にばれないようにすることです。

この文には、二つの「こと」が使われています。このうち、一つの「こと」は不要です。次のようにすればすっきりした文になります。

> 転職活動で注意したいのは、会社にばれないようにすることです。

さらに、「転職活動は、会社にばれないように注意したい」とすればもう一つの「こと」を省くこともできます。多くの場合、「こと」は別の言葉で代用できるものです。

また、「〜ことで」という書き方も、より簡略にできます。たとえば、「転職活動をすることで、視野が広くなった」という文の「ことで」は不要。「転職活動によって、視野が広くなった」と書けばよいでしょう。

080
文章をダメにする言葉

「これ」「それ」の使用は控えめに

「これ」「それ」といった指示代名詞も、慎重に使いたい言葉。安易に使うと、読む人を混乱させたり、誤解させたりします。

> 糖尿病と診断されて以来、カロリー制限を考えたが、無理とわかった。とはいえ、スポーツによるカロリー消費は面倒だ。もともと、私にはそれは無理だった。

この文章の最後の「それ」は、「カロリー制限」と「カロリーの消費」のどちらを指すのか、あるいは両方とも指すのか、わかりません。もし、両方を表したいのなら、次のように書けばよいでしょう。

> 糖尿病と診断されて以来、カロリー制限を考えたが、無理とわかった。とはいえ、スポーツによるカロリー消費は面倒だ。もともと、私にダイエットは無理だった。

「それ」を使うのではなく、「カロリー制限」と「カロリーの消費」を総称する「ダイエット」という具体的な言葉を使えば、すんなり読める文章になるのです。

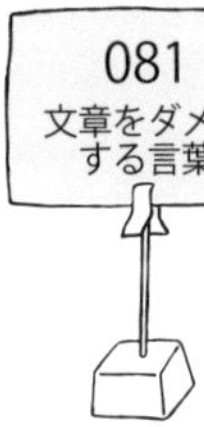

「〜において」「〜のみ」なんてカタい言葉はNG

たった一語で文章全体をカタくしたり、リズムを壊してしまう言葉があります。その代表格が「〜において」です。

> 昨日、公民館において、夏祭りの打ち合わせがありました。その中で出た意見を報告します。

この文では、「公民館において」の「〜において」という表現が浮いています。全体は「です・ます」調の口語表現なのに、「公民館において」が文語表現になっているからです。ここは次のようにすると自然です。

> 昨日、公民館で、夏祭りの打ち合わせがありました。その中で出た意見を報告します。

「です・ます」調で書く場合は、口語に近い表現で通せばいいのです。

ほかには、「〜のみ」も文語表現であり、文章をカタくする言葉。「引換券は、会場でのみ使えます」は、「〜のみ」を口語表現の「〜だけ」に変えて、「引換券は、会場でだけ使えます」とすればいいでしょう。

082
文章をダメにする言葉

誤解されやすい「適当」は適切に使う

「適当」という言葉には、二つの意味があります。一つは「ある状態や目的に、ぴったり合っている」という意、もう一つは「その場に合わせて、いいかげんにする」という意です。そうした二つの意味があるため、読む人に誤解や混乱を与えやすいのです。たとえば、次の文は二つの意味に受け取れます。

> 会社の人事が適当だったため、その部長は役員に昇進できなかった。

一つは「会社の人事が的を射たものだったから、その（無能な）部長の役員昇進を阻止できた」という意。もう一つは、「会社の人事がいいかげんだったため、その（優秀な）部長は昇進できなかった」という意。「適当」という言葉によって、どちらともとれる文になっているのです。誤解を与えないためには、「適当」を他の言葉に置き換えることです。

> 会社の人事が適切だったため、その部長は役員に昇進できなかった。
>
> 会社の人事がいいかげんだったため、その部長は役員に昇進できなかった。

083
文章をダメにする言葉

「そそる」「濃い」を誤って使わない

「そそる」や「濃い」は、日常会話では許されても、文章では違和感をもたれる言葉。たとえば、「長崎では、卓袱《しっぽく》料理にそそられた」という文章は誤りです。日常会話では、「それは、そそられる話だね」「あの娘《コ》には、そそられるよ」などと話しますが、「そそる」は本来は単独では使わない動詞です。「好奇心をそそる」「興味をそそられる」などと、別の名詞を伴って使う動詞なのです。先の文なら、「長崎では、卓袱料理に食欲をそそられた」となります。

同じことは、「濃い」にもいえます。

> 先日は、濃い話をしていただき、ありがとうございました。

このメール文は問題です。日常会話では「濃い経験だった」「濃い性格だ」などと使いますが、本来は他の言葉を伴って「色が濃い」「味が濃い」などと使う言葉。文章では次のように、そのルールを守って書きたいものです。

> 先日は、内容の濃い話をしていただき、ありがとうございました。

084
文章をダメにする言葉

接客用のヘンな日本語を文章で使わない

近年、接客用に独特の日本語が使われています。その一つが「〜になります」という言い方。「〜です」といえばいいところですが、「〜になります」という言い方が広まっているのです。この接客用の言葉をメール文などに使うと、読む人に違和感を与えます。

> 宝石の世界で、貴金属というと、金、銀、白金になります。

これは相当おかしな文章です。正しくは、

> 宝石の世界で、貴金属というと、金、銀、白金を指します。

「〜になります」という言い方は、使われるようになってから、まだ時間がさほど経っていません。会話の世界ではかなり使われているとはいえ、文章の世界では〝新参者〟です。

一般に、文章の世界は保守的であり、話し言葉をそう簡単には受け入れません。とくに年配者ほど、新しい言い回しを文章に使うことに抵抗感をいだくもの。今のところ、「〜になります」は文章には使わないほうが無難です。

085
文章をダメにする言葉

「とか」は、文章では使えない言葉

近年、話し言葉で「とか」を使う人が増えています。「コーヒーとか紅茶とか好き」といった具合です。この「とか」は、事実上、口語専用の言葉なので、文章では使えません。

> ドイツとかイタリアとかのヨーロッパのサッカー大国の人々は、サッカー以外の球技に興味を示さない。

この文は×。正しくは、次のようにします。

> ドイツやイタリアなどのヨーロッパのサッカー大国の人々は、サッカー以外の球技に興味を示さない。

「とか」は、「○○とか、××とか……」などと、物事を並列するときに使う言葉ですが、文章で使うと、幼稚な印象を与えるのです。

また最近は、並列でなくとも「とか」を使う人がいます。言葉をボカす意味で使っているようですが、こちらも文章では使えません。たとえば、「コーヒーとかを飲んで、頭をすっきりさせる」はＮＧ。「コーヒーを飲んで、頭をすっきりさせる」とするところです。

086
文章をダメにする言葉

「かも」を使うと、不安定な文章になる

「かも」もまた、安易には使えない言葉です。とくに文末を「かも」で結ぶと、文章全体がぐらつきます。

> その時期、人件費が一気に高くなった。と同時に、失業問題が生じた。人件費の高騰が、雇用の減少につながったのかも。

この文章は、最後に「かも」で終わっているため、茶化した印象を与えます。それまで書いてきた事実さえ、信憑性を失いかねません。「かも」という自信なさそうな言葉を口語的に使ったため、文章が最後の最後で台無しになってしまったのです。この文章から「かも」を抜くと、次のようになります。

> その時期、人件費が一気に高くなった。と同時に、失業問題が生じた。人件費の高騰が、雇用の減少につながったとみられる。

「かも」を「みられる」に置き換えることで、文章の安定感が格段に増します。基本的に、「かも」は、ビジネス文書や改まった文章では使わないことです。メールでも「かも」を使っていいのは、親しい友人に対してくらいでしょう。

087
文章をダメにする言葉

「なので」ではじめてはいけない

「なので」は、会話ではよく使う言葉。「今日も残業です。なので、先にご飯食べててください」と会話で使う分には問題ない言葉でしょう。ただし、文章には使えない言葉です。たとえば、次のメール文です。

> システムの構築には、１年以上かかりそうです。なので、納期に関してはご相談させてください。

この「なので」にただよう“軽さ”に違和感を覚える人が多いと思います。「なので」を使わず、「そのため」に変えると、次のようになります。

> システムの構築には、１年以上かかりそうです。そのため、納期に関してはご相談させてください。

なお、同じ「なので」でも、文の接続のため、次のように使う分には問題ありません。

> システムの構築には、１年以上かかりそうなので、納期に関してはご相談させてください。

088
文章をダメにする言葉

「いうまでもなく」より「ご存じのように」

「いうまでもなく」や「周知のように」は、専門書や学術書などでよく使われる言葉。ただし、安易に使うと、読者の反発を買うだけに終わります。

> いうまでもなく、熱硬化性樹脂は軟化しないため、鋳型に入れて成型できない。

この文は、書いた本人にとっては「いうまでもない」情報かもしれませんが、多くの人には初めて聞く話であり、こう書くと、読者を無知扱いしていることにもなってしまいます。次のように書けば十分です。

> 熱硬化性樹脂は軟化しないため、鋳型に入れて成型できない。

では、「いうまでもなく、東京ディズニーリゾートは千葉県にある」という文はどうでしょう？

たしかに、多くの人が知っている事実ではありますが、ここは「ご存じのように、東京ディズニーリゾートは千葉県にある」と謙虚に書いたほうが、読者の無用な反発を招きません。

089
文章をダメにする言葉

「基本的には」で逃げてはダメ

文中につい入れてしまう言葉に、「基本的には」があります。

> 基本的には、参加の予定です。

この文は、参加できない可能性が残っているから、「基本的には」という言葉で逃げたつもりなのでしょうが、読む側を当惑させます。この文では、参加する気が本当にあるのかどうか、わからないからです。

この文の行間を読むと、「状況しだいでは、参加しない可能性がある」となります。「基本的には」で逃げているため、結論がわからなくなっているのです。この場合、次のようにすれば相手の理解や了解を得やすくなるでしょう。

> 現在のところ、はっきりご回答できません。はっきりした時点で、すぐにお返事させていただきます。

「基本的には」は、言葉を婉曲にする効果をもつので、つい使ってしまいがちな言葉です。けれども、読む人はそのあいまいさに当惑し、誤解もします。「基本的には」で逃げず、別の言葉で説明したいものです。

090
文章をダメにする言葉

「全然」のあとに「大丈夫」と書くのはＮＧ

文章を書くとき、話し言葉にひきずられると、間違った表現になりがちです。たとえば、「全然〜大丈夫」という言い方も、その一つ。

ふだんの会話では、「もう風邪治ったよ。全然、大丈夫」のように話す人がいるもの。それは、本来は誤った表現なのですが、近年は許容されています。だからといって、文章にまで使うのは問題です。

> 一時は不調に陥ったが、いまは全然、大丈夫だ。

このように書くのは、文章力のなさをさらすようなもの。「全然」のあとには、「ない」などの打ち消しの言葉が伴うのが決まりです。正しくは、次のように書きます。

> 一時は不調に陥ったが、いまは全然、問題はありません。

会話では、多少おかしい日本語でも、なんとなく意味が伝わります。けれども、それをそのまま文章にも使うと、常識が足りないと思われるうえ、後にも残ることになってしまうのです。

091
文章をダメにする言葉

「わたくし的には」を文章には使えない

話し言葉ではＯＫでも、文章には使えない言葉の一つに、「わたくし的には」があります。会話では「わたくし的には、○○は好きじゃない」「僕的《ぼくてき》には、○○がいいですね」などという言葉づかいが大目に見られています。でも、文章ではそうはいきません。

> 御社のご意見は、わたくし的には、ごもっともなことと考えています。

こうビジネスメールに書くと、相手は、からかわれているのか、かるく見られているのか、と思うことでしょう。正しくは、次のようにします。

> 御社のご意見は、私としては、ごもっともなことと考えています。

また、「結果」という言葉も、文章では使い方に注意が必要です。たとえば、「Ａ社との交渉を終えました。結果、共同開発の中断が決まりました」とメール文に書くのは、舌足らずな日本語です。正しくは、「Ａ社との交渉を終えました。その結果、共同開発の中止が決まりました」となります。

092
言葉選びで失敗しないために

間違っても、お役所言葉の真似だけはしない

悪文の見本の一つは、お役所の文章。お役所言葉には、独特のカタさ、慇懃無礼さがあります。たとえば、次のような文章です。

> 当該事項に関しては、抜本的解決が必要と考え、可及的すみやかに対処したいと存じます。

まさしくお役所言葉の典型です。「当該事項」「抜本的解決」「可及的すみやかに対処」など、普通はまず使わない言葉が並んでいます。これを普通の日本語に直してみましょう。

> その問題は、根本にまで遡った解決が必要であり、できるだけ早く対処したいと思います。

お役所の文章が、カタい言葉を並べ立てるのは、もっともらしさを演出するためでしょう。あるいは、抽象性の高い言葉を使って、逃げ道を用意するためかもしれません。要は、中身のなさをごまかすため、大げさで空虚な言葉を並べ立てるのが、お役所の文章。そんな文章だけは真似しないように。

093
言葉選びで失敗しないために

同じ言葉を一つの文中で繰り返すのは芸がない

一つの文中で、同じ言葉を何度も繰り返すのは、芸がない話。たとえば、

> 新聞報道で、ギリシャ経済の危機が報道された。

この文では、「報道」という言葉が繰り返されています。長い文ならともかく、このような短文中に２度も同じ言葉が出てくると、くどい印象を与えます。同じ言葉を２度繰り返さなくても、同様の内容の文章は書けます。

> 新聞で、ギリシャ経済の危機が報道された。
> 新聞報道で、ギリシャ経済の危機が取り上げられた。

このように、言い回しを少し工夫するだけで、同じ言葉を繰り返さずにすみます。

では、「今回の発見によって、新しい星が発見された」という文の場合は、どう言い換えればいいでしょうか。

これは、単に「このほど、新しい星が発見された」とすれば、いいだけのことです。

094
言葉選びで失敗しないために

あえて同じ言葉を繰り返し使ったほうがいいケース

前項とは裏腹に、同じ言葉を繰り返し使ったほうが読みやすくなるケースもあります。たとえば、次のような文章です。

> この日、スタジアムには３万人の観客が入った。自国チームの敗北が濃厚な終盤、観衆は会場から去り始めていた。

この文章は、簡単な描写しかしていませんが、読む人にはわかりづらいところがあります。「観客」「観衆」という２種類の言葉が使われているからです。「観客」「観衆」は、この文章の場合、同じ意味に使われています。それなのに、統一されていないため、文章が整理されていないような印象を与えるのです。この文の場合、言葉を統一したほうが、文章がすっきりします。

> この日、スタジアムには３万人の観客が入った。自国チームの敗北が濃厚な終盤、観客は会場から去り始めていた。

同じ言葉を続けるのが気になるようなら、「彼らは会場から去り始めていた」としてもよいでしょう。

いまどき文語調は古臭いと思われるだけ

いまどき、文語調の文章を書くと、格調高いどころか、読む人にそっぽを向かれかねません。たとえば、次の文章。

> 彼は、資本主義の資本主義たるゆえんを語らんとする者だ。しかるに、誰一人として、彼の智恵を求めんとする者はいない。

文語調で書かれているため、とっつきにくい文章になっています。いまや、滑稽な感じさえします。これを口語調に直すと、格段に読みやすくなります。

> 彼は、資本主義が資本主義である理由を語ろうとしている。それなのに、誰も、彼の知恵を求めようとはしない。

現在、文語調の文を読んで、「格調高い」とか「高尚」と思う人はまずいなくなっています。古臭いと思われるか、鼻持ちならないとみられるのがオチです。

「あたかも」は「まるで」、「ゆえに」は「だから」、「なんとなれば」は「なぜなら」とするなど、人に読んでもらうためには、なるべく口語調で書くことです。

096
言葉選びで失敗しないために

大人はこんな重複表現を使ってはいけない

下手な文章の代表格に、重複表現があります。たとえば、次の文。

> 選挙で、与党が過半数超えを達成した。

この文で「過半数」は半数を超えていることを意味します。そこに「超え」をわざわざ添えて、「過半数超え」と書くと、「半数超え超え」と書いているようなものです。ここは、

> 選挙で、与党が過半数を占めた。
> 選挙で、与党が半数超えを達成した。

とします。

このような重複表現は、気づかぬうちに、うっかり使っていることがよくあります。たとえば、「思いがけないハプニングに、会場はどよめいた」もそうです。「ハプニング」は、思いがけない出来事のことなので、「思いがけないハプニング」もまた重複表現です。正しくは、「思いがけない出来事に、会場はどよめいた」または、「ハプニングに、会場はどよめいた」です。

それでは、次の文はどうでしょう。

まず最初に、手をつけたいのは、人事です。

「まず」と「最初」は同じ意味で、どちらかは不要。正しくは、次のようにします。

最初に手をつけたいのは、人事です。
まず手をつけたいのは、人事です。

他の重複表現の例もあげておきます。

「これからは、英語のできる人が、かならず必要になる」は、「必必要」と書いているようなもの。正しくは、「これからは、英語のできる人が、必要になる」です。

「お体をご自愛ください」の「自愛」には、自分の体を大切にするという意味があります。「お体をご自愛」では重複になります。ここは、「ご自愛ください」が正しい表現です。

〈避けたい重複表現〉
×すべて一任する→○一任する
×提携を結ぶ→○提携する
×布陣を敷く→○陣を敷く、布陣する
△楽観視する→○楽観する
×慎重に熟慮する→○熟慮する
×孤立化させる→○孤立させる
×未だ未解決→○未解決、いまだ解決していない

097
言葉選びで失敗しないために

「所要時間を縮小できる」と書いてはいけない

文章を書くときは、よく似た言葉同士を混同しないように注意したいもの。

> 高速道路の開通によって、大阪までの所要時間を縮小できる。

この文に違和感があるのは、「縮小」という言葉を使っている点です。「所要時間」は「縮小」するものではなく、「短縮」するものなので、正しくは、次のようにします。

> 高速道路の開通によって、大阪までの所要時間を短縮できる。

「縮小」と「短縮」はよく似たような言葉ではありますが、同義ではないので、使い分けが必要なのです。

一方、「店舗規模を短縮させて、赤字を抑える」という文も×。「規模」は「短縮」するものではなく、「縮小」するものなので、「店舗規模を縮小させて、赤字を抑える」とします。

ほかにも、使い分けが求められる言葉は多々あります。たとえば、「拡大」と「拡張」は、店舗数を増やすときには「拡大」、店舗面積を広げるときには「拡張」を使うのが正解です。

098
言葉選びで失敗しないために

意味の似ている言葉こそ、使う場面を慎重に考える

似ている言葉同士でも、言葉選びを誤ると、ヘンな文章になってしまいます。

> 彼の言っていることと、していることは対立している。

この文に、「対立」という言葉は不適切です。「対立」は、〝二つのもの〟が反対の立場に立っているときに使う言葉だからです。「祖父と父が対立している」といった具合で、一人の人間の行動には使いません。この場合、「矛盾」を使えば、違和感のない文章になります。

> 彼の言っていることと、していることは矛盾している。

あるいは、「矛盾している」の代わりに、「裏腹だ」「逆になっている」でもＯＫです。では、「Ａ社に敵対する技術開発が必要と考える」という文はどうでしょう？　この文でおかしいのは「敵対」という表現です。「敵対」は、人に対して使う言葉で、技術については使いません。「対抗」を使って、「Ａ社に対抗する技術開発が必要と考える」とすれば違和感は消えます。

099
言葉選びで失敗しないために

誤った言い回しで信頼をなくさないために

立派な内容が書いてあっても、誤った言い回しを使うと、文章全体が信頼を失うことになってしまいます。

> 失敗からは、すべからく学べるところがあるはずだ。

この文、本人は、失敗からは総じて学べるところがある、という意味で使ったつもりかもしれませんが、「すべからく」に「総じて」という意味はありません。「すべからく」は、「べし」を伴って、「当然〜すべき」という意味になる言葉です。先ほどの文章なら、次のようにするとよいでしょう。

> 失敗からは、かならずや学べるところがあるはずだ。

「すべからく」を使いたければ、

> 失敗からは、すべからく学ぶべし。

が正解。この場合、意味は「失敗からは当然学ぶべきだ」になります。

ほかに注意したい言葉に、「ジンクス」があります。

「赤いネクタイを着用すると成功するというジンクスに従っ

た」と書くのは間違い。「ジンクス」は本来、マイナスの事象に使う言葉です。この文章を正しく書けば、「赤いネクタイを着用すると成功するという縁起をかついだ」となります。

「ジンクス」を使いたければ、「青いネクタイを着用すると失敗するというジンクスを気にして、赤いネクタイをつけた」といった文章が考えられます。

また、「浮かされる」「うなされる」の違いも、知っておきたいもの。「昨夜は、熱にうなされた」と書くのは誤用です。

「うなされる」は、悪夢などを見て苦しそうな声を出すときに使う表現。熱には「浮かされる」が、正しい使い方です。

「昨夜は、熱に浮かされた」とするか、「うなされる」という言葉を使いたければ、「昨夜は、悪夢にうなされた」となります。

〈注意したい誤用表現〉

×一石を投げる→○一石を投じる
×言わずと知られた→○言わずと知れた
×うる覚え→○うろ覚え
×笑顔がこぼれる→○笑みがこぼれる
×大きいお世話→○大きなお世話
×口をつむる→○口をつぐむ
×公算が強い→○公算が大きい（公算は確率）
×税金を値上げする→○税金を引き上げる
×見かけ倒れ→○見かけ倒し

100
言葉選びで失敗しないために

間違いやすい慣用句には注意が必要

文中に慣用句を入れるとき、何よりも注意したいのは、慣用句を正しく使うこと。うろ覚えのまま間違って使うと、知識のなさをさらけだすことになってしまいます。

たとえば、「次の仕事では、わがチームの汚名を挽回したい」と書くと、失笑を買ってしまいます。同じ意味の「汚名返上」と「名誉挽回」を混同しているからです。

正しくは、「次の仕事では、わがチームの汚名を返上したい」、あるいは「次の仕事では、わがチームの名誉を挽回したい」とすべきでしょう。

「気のおけない」も間違って使いやすい慣用句の一つ。たとえば、「彼は策士であり、気のおけない人物だから、近づかないほうがいい」という文は、間違った表現です。「気のおけない」は「気兼ねしなくてもいい」という意味なのに、「要注意の」という間違った意味で使っているからです。

季節を表す言葉、「小春日和」も要注意です。

> 初春らしい、小春日和のおだやかな天気になった。

この文の「小春日和」の使い方は間違い。「小春」は陰暦10月の異称で、冬の季語。この時期、暖かな春のような気候がつづくことから、生まれた語です。次の文が正しい形です。

すでに初冬とはいえ、小春日和のおだやかな天気になった。

さらに、英語を使った慣用句にも落とし穴があります。

私たちの交渉は、デッドロックに乗り上げた。

上の文は、「デッドロック」を岩の一種と勘違いしたための誤り。「デッドロック」に「暗礁」の意味はありません。「デッドロック」を英語で書くと「deadlock」で、「lock」は錠の意味。会議や交渉の行き詰まりを示します。次のどちらかの文に直す必要があります。

私たちの交渉は、デッドロック状態に陥った。
私たちの交渉は、暗礁に乗り上げた。

少しでも怪しいと感じた慣用句は、辞書をひいて確認してから使う習慣をつけたいものです。

〈間違って使いやすい慣用句〉
×足元をすくう→○足をすくう
×愛想を振りまく→○愛嬌を振りまく、愛想がいい
×顔をうかがう→○顔色をうかがう
×口先三寸→○舌先三寸

101
言葉選びで失敗しないために

内容がないのに、難しい言葉を使ってはダメ

言葉のレベルは、文章の内容に合わせるのが基本。高度な内容を含む文章には、難しめの言葉が似合うし、平易な内容にはやさしい言葉が似合います。たとえば、次の文章はどうでしょう。

> 今日は、いい天気になりました。このところ無聊《ぶりょう》をかこっています。何かいいことが起きないかと思っていますが、百年《ひゃくねん》河清《かせい》をまつようなものでしょうね。

この文章は日常の雑感を述べていますが、違和感があります。「無聊をかこつ」「百年河清をまつ」という難しい言葉が、内容にそぐわないからです。平易な言葉に変えれば、次のようにしっくりきます。

> 今日は、いい天気になりました。このところ、することもなく、退屈な日々を過ごしています。何かいいことが起きないかと思っていますが、ないでしょうね。

平易な内容に難しい言葉を使っても、ぎこちなくなるだけのことです。

102
言葉選びで失敗しないために

なんでもかんでも漢字変換してはダメ

次の文を読みやすくするには、どうすればよいと思いますか。

> 人には些細な違いでも、私にとっては極めて重要な違いで有り、何故其れが理解されないのか、不思議でならない。

じつはこの文章、さほど難しいことを言っているわけではないのですが、漢字を多用しているため、読みにくくなっています。「些細」「何故」「極めて」「其れ」などは、漢字よりもひらがなにしたほうが読みやすい言葉です。

> 人にはささいな違いでも、私にとってはきわめて重要な違いであり、なぜそれが理解されないのか、不思議でならない。

これなら、すんなり読めます。最近は、パソコンやスマホの漢字変換機能を使って書くことが多いため、とかく漢字の多い文章になりがち。あえて漢字の少ない文章を心がけることが、読みやすい文章を書く近道です。

103
言葉選びで失敗しないために

「と言っても」は「といっても」に、「て見たら」は「てみたら」に

漢字の少ない文にするといっても、難しいのはその加減。簡単な動詞までひらがなにすると、かえって読みにくくなります。

動詞の場合、何を漢字にして、何をひらがなで書くかは、一応の原則があります。その一つは、本来の意味で使わない漢字は、ひらがなで書くというもの。たとえば、次の文章です。

> 犬と言っても、その性格はさまざま。実際に飼って見たら、そのことがはっきりわかるだろう。

この文では、「と言っても」「て見たら」と漢字で書いてありますが、実際に言ったり見たりしているわけではありません。このような語は「といっても」「てみたら」と、ひらがなで書きます。

> 犬といっても、その性格はさまざま。実際に飼ってみたら、そのことがはっきりわかるだろう。

この原則に従うだけでも、漢字が減り、ひらがなが増えて、とっつきやすい文章になります。そのほか「うまく行く」なども、特定の場所や「行く」という行為を示しているわけではないので、「うまくいく」と書くのがベター。

「この」「あたかも」「ただし」は漢字ではなくひらがなで

副詞や代名詞を漢字で書くのはＮＧ。読みにくい印象を与えてしまいます。

> 此の様な言動は、恰も「自分こそ、其の地位にふさわしい」と述べている様で、全くもって見苦しい。

まるで明治・大正期の文豪の文章のようですが、そのように書いたからといって、文章の格が上がるわけではありません。今では、むしろ読む人を辟易させるだけです。副詞、代名詞をひらがなにすれば、それだけで読みやすくなります。

> このような言動は、あたかも「自分こそ、その地位にふさわしい」と述べているようで、まったくもって見苦しい。

同じことは、接続詞にもいえます。「然し」「或いは」「但し」などは、いまや昔の書き方。「しかし」「あるいは」「ただし」とひらがなにするのが常識です。「及び」「従って」「又は」は今のところＮＧとまではいえませんが、「および」「したがって」「または」としたほうが読みやすいはずです。

105
言葉選びで失敗しないために

見慣れない漢字ほどストレスになる

漢字の多い文章は、読む人にストレスを与えがちです。それも、画数の多い漢字、見慣れない漢字となれば、なおさらのこと。たとえば、次の文です。

> これぞ人類の叡知による勝利と、書翰に綴る。

この文には、ふだん使うことが少ない漢字が含まれています。「叡」や「翰」は、戦前はよく使われていた漢字ですが、現在ではほとんど使われていません。常用漢字、つまり国語審議会が日常生活で使用する目安として選んだ漢字ではないからです。このような漢字は、常用漢字に書き換えます。

> これぞ人類の英知による勝利と、書簡に綴る。

こうすれば、多少は読みやすくなるでしょう。常用漢字は、全部で約2000字あります。どの漢字が常用漢字なのか、すべて覚える必要はありませんが、ふだんあまり見かけない漢字を避ければ、おおむね常用漢字だけを使った文章になるものです。

ただし、人名や固有名詞は例外です。たとえば、一般名詞の「智慧」は「知恵」と書き換えますが、人名の「智慧子」さんを「知恵子」さんと書き換えてはいけません。

106
言葉選びで失敗しないために

漢数字を使う？
算用数字を使う？

横書きの文章では、数字は算用数字を使うのが原則です。実際、「1584」を「千五百八十四」などと書くと、読みにくいものです。とはいえ、横書きでも算用数字にはできない言葉もあります。

> 49日の法要が行われた。

この文に違和感を感じませんか。「四十九日」は、仏教で行われる法要の名前。このような伝統的な言葉は漢字で表し、次のようにします。

> 四十九日の法要が行われた。

「一周忌」「初七日」「十五夜」「八十八夜」なども同様です。

あるいは「私の１番大事な宝物です」という文。順番の１番、２番は算用数字で書きますが、「最も」という意味で使う「一番」は漢字で書いたほうがしっくりきます。正しくは、「私の一番大事な宝物です」とします。

このほか、「三十三間堂」「六角堂」といった固有名詞、「一石二鳥」「二の足を踏む」などの慣用句、「数百」「数千」のような概数を表す場合も漢数字を使います。

107
言葉選びで失敗しないために

「憂鬱」を「ユーウツ」にするだけでニュアンスが変わる

同じ言葉でも、漢字で書くか、ひらがなで書くか、カタカナで書くかによって、イメージが変わります。たとえば、「薔薇」と書くと高尚なイメージ、「バラ」と書けば一般にイメージされる植物のバラ、「ばら」と書くと優しいニュアンスが生まれます。

漢字で書くか、ひらがなで書くか、カタカナで書くかをうまく選択できれば、こちらの表したいイメージを読者により印象深く伝えられます。逆に、選択を間違えると、誤ったイメージを与えかねません。

たとえば、家でちょっとしたもめ事があり、かるく愚痴を言いたいだけなのに、次のように書いたらどう感じるでしょう。

> 家族の顔を思い浮かべると、憂鬱な気分になる。

家に帰るのがきわめて苦痛であるという印象を与え、読む人を心配させることでしょう。ちょっとしたもめ事程度であれば、次のような書き方をするといいでしょう。カタカナに置き換えて軽いイメージを演出するわけです。

> 家族の顔を思い浮かべると、ユーウツな気分になる。

108
言葉選びで失敗しないために

言葉のコンビを勝手に〝解散〟させてはダメ

言葉には〝コンビ〟がいます。たとえば、「和歌をひねり、俳句を詠む」は、おかしな文章。正しくは、「和歌を詠み、俳句をひねる」となります。「和歌」は「詠む」もの、「俳句」は「ひねる」ものなのです。

また、将棋は「指す」のに対して、碁は「打つ」ものです。このあたりの組み合わせを間違えると、おかしな文章になってしまいます。では、次の文章はどうでしょう。

> 3月に、年間の決算をしなければならない。

この文章に違和感があるのは、「3月」と「年間」という言葉が合っていないからです。3月といえば年の終わりではなく、年度末。「年間」を「年度」に直してみます。

> 3月に、今年度の決算をしなければならない。

「年間」が1月から12月を指すのに対して、「年度」は4月から翌年の3月を指します。「3月」には「年度」がぴったりの〝相棒〟なのです。

109
専門用語・難解な言葉の扱い方

専門用語をくどくならないように説明する

文章を書くときは、一部の人にしかわからない専門用語を避けたいもの。とはいえ、どうしても専門用語を使わなくてはならないこともあります。

> ラテンアメリカ諸国は、ＮＩＥＯの形成に一定の役割を果たし、経済協力のためのＳＥＬＡを設置した。

「ＮＩＥＯ」も「ＳＥＬＡ」も固有名詞で、これらの言葉抜きに文章は成り立ちません。とはいえ、いずれも馴染みのない専門用語であり、知らない人には意味不明の文章。ここに、次のような補足説明を入れれば、わかりやすくなります。

> ラテンアメリカ諸国は、ＮＩＥＯ（新国際経済秩序）の形成に一定の役割を果たし、経済協力のためのＳＥＬＡ（ラテンアメリカ経済機構）を設置した。

外国語の略語の場合は、「ＮＩＥＯ＝New International Economic Order」と本来の名前を紹介することで、わかりやすくなる場合もあります。

専門家が一般人向けに文章を書くときは、「この言葉に補足説明は必要か」という視点を持ちたいものです。

110
専門用語・難解な言葉の扱い方

専門用語を一つの文章の中で言い換えてはダメ

　専門用語についてもう一つ注意したいのは、同じ意味の別の言葉がある場合です。

> 　ハープシコードは現代でも使われる楽器だが、バッハの時代から人気があった。バッハは、チェンバロの名曲をつくっている。

　この文は、専門用語を知らない人にとって、分裂しているように思えるでしょう。一方、音楽に詳しい人にとっては問題のない文章です。ハープシコードとチェンバロは同じ楽器で、ハープシコードは英語、チェンバロはドイツ語です。バッハはドイツ人で、彼の作品にはチェンバロ協奏曲もあります。それらのことを知っている人には、違和感がないわけです。ただし、知らない人にとっては、不親切な文章であるため、どちらかの名称に統一して書く必要があります。

> 　ハープシコード（ドイツ名ではチェンバロ）は現代でも使われる楽器だが、バッハの時代から人気があった。バッハは、ハープシコードの名曲をつくっている。

111
専門用語・難解な言葉の扱い方

難解な言葉は、一段落に一つまで

難解な文章でも読んでもらえるのは、一握りの古典・名著くらい。素人が難解な文章を書いたところで、敬遠され、読んでもらえません。

> 情報が錯綜するなか、会社の偽装工作が露顕、経営が累卵の危うきにあることが明らかとなった。もはや、弥《び》縫策《ほうさく》は通用せず、大改革が喫緊の課題となっている。

この文章のなかの難解な言葉を、平易な言葉に直していくと、次のようになります。

> 情報が乱れ飛ぶ中、会社の偽装工作が明らかになり、経営危機にあることがわかった。もはや、一時的な間に合わせ策は通用しない。大改革が目の前の課題となっている。

難解な言葉を一つ、二つ使うのは、ときに文章のアクセントや演出になります。ところが、難解な言葉には、一種の中毒性があり、つい、より難しい言葉を多用したくなるもの。気づいたときには、とんでもない悪文を書いているということになりがちです。

112
専門用語・難解な言葉の扱い方

カタカナ言葉の乱用は禁物

カタカナ言葉には、読む人をひきつける効果があります。ところが、乱用すると意味不明の文章になってしまいます。たとえば、次の文です。

> 上司は部下の仕事にコミットメントするとともに、部下をエンパワーメントしなければならない。また、部下がどんなシチュエーションにあるか理解し、ネグレクトしてはいけない。

この文章には、四つも外来のカタカナ言葉が含まれ、わかりにくい文になっています。外来語を日本語に直すと、次のような平易な文章になります。

> 上司は部下の仕事に責任をもって関わるとともに、部下の持っている力を引き出さなければならない。また、部下がどんな状況にあるか理解し、無視してはならない。

カタカナ言葉の使用は一見文章をスマートにするようですが、乱用は禁物。多くの人の目には、独りよがりで鼻持ちならない文章に映ります。

113
専門用語・難解な言葉の扱い方

禁じ手のカタカナ語を使いこなすにはコツがいる

前項では、カタカナ語のデメリットについて述べましたが、それでも世の中にカタカナ語が氾濫しているのは、使うとカッコよくみえるからでしょう。

カタカナ語には、文章をスタイリッシュにする効果があるのです。

たとえば、「よくできた」という意味の「ウェルメイド」という言葉があります。

小粒ながら面白い映画を指すとき、「よくできた佳作」というよりも、「ウェルメイドな佳作」といったほうが、カッコよく聞こえると思います。

こうした言葉は、乱用は禁止だとしても、400字以上の文章なら一か所くらいは使ってもＯＫでしょう。文章をカッコよくするアクセントになります。

なお、意味があまり知られていないカタカナ語の新語も、うまく使えば、文章を新鮮にできるうえ、読者に「この筆者はなかなかの物知り」という印象を与えることができます。

たとえば、「正論で人を追いつめる人」と書くよりは、「ロジカル・ハラスメント」という言葉を先に使ってから、その意味を種明かしのように書いたほうが、読者の興味をひくことができるはずです。

114
専門用語・難解な言葉の扱い方

「貧困が、人々を暴動にかりたてる」はどこが悪文？

悪文のパターンの一つに、いわゆる「直訳調」「翻訳調」があります。たとえば、次のような文章です。

> 貧困が、その国の人たちを暴動にかりたてた。

「貧困」のような抽象名詞を主語にする文章は、日本語にはなじみません。これをこなれた日本語にしてみます。

> その国の人たちは、貧困のあまり、暴動を起こした。

主語を「その国の人たち」にすることで、動詞も「暴動を起こす」という自然な言葉にすることができます。

翻訳書を読んでいると、直訳調の文章に出くわすことがよくありますが、そうした直訳調の文をカッコいい文章などとは思わないことです。

そんな悪文の影響を受けると、日本語感覚がおかしくなりかねないので、注意が必要です。

115
「いい文章」の条件

ネガティブな言葉よりも、前向きでストレートな言葉で

文章は積極的な言葉、肯定的な言葉を使ったほうが説得力を増すものです。

> ここは公共の場です。汚さないように気をつけましょう。

この文は、「汚さないように」という言葉がネガティブなため、説得力が弱くなり、読む人の反発を買いやすくもなります。ポジティブな言葉を使って書き換えたのが次の文です。

> ここは公共の場です。きれいに使いましょう。

このほうが、読み手の印象に残ります。さらに一歩進んで百貨店などのトイレなどでは、「いつもきれいに使っていただき、ありがとうございます」と書かれた張り紙を見かけるものです。

また、「思われる」のような受け身の言葉も、訴える力が弱くなります。「田舎の魅力は、ゆったりした時間の流れにあるように思われる」では、どこか人ごとのようで、読み手にアピールできません。「田舎の魅力は、ゆったりした時間の流れにあると思う」としたほうが、書き手の主張を印象づけられます。

116
「いい文章」の条件

慣用句をズラして使って、読者をひきつける

慣用句やことわざは、下手に使うと、手垢がついた表現の見本のようになってしまいます。

ただ、手垢がついているということは、みんなが知っていることの裏返し。その陳腐さを逆利用して、新鮮な表現を生み出すこともできます。常套句の表現を少し変えて使ってみるのです。

たとえば、「中東では、敵の敵も敵」――このフレーズは、「敵の敵は味方」という常套句をズラして使って、中東の政治・外交情勢の複雑怪奇さを表しています。

また、「一寸先は光」は、漫画家のやなせたかし氏の座右の銘。「一寸先は闇」という言葉を一字変えるだけで、いかにもアンパンマンの生みの親らしい、楽天的で明るい人生観を表す言葉になっています。

一方、ことわざも、形を変えて利用することができます。「重箱の隅をつついて、重箱を壊してしまう」は、「重箱の隅をつつく」という、よく知られたことわざを利用した言葉。これと同様のパターンに、「石橋を叩いて、壊してしまう」という言い回しもあります。

117
「いい文章」の条件

“3段語”で、リズムを生み出す

「ホップ、ステップ、ジャンプ」「来た、見た、勝った」「飲む、打つ、買う」「くう、ねる、遊ぶ」「巨人、大鵬、玉子焼き」——のように、よく似た言葉を三つ並べる表現技法（ここでは「3段語」と呼びます）は古くから使われてきました。似た言葉を三つ並べると、なぜかリズムと面白さが生まれるのです。

この3段語のパターンは、文章や見出しを面白くしたり、コンセプトを短く表すのに使えます。たとえば、「泣く、笑う、（手に汗）握る」は、かつての東映映画の総帥・岡田茂氏の言葉。映画作りの基本方針を短く表しています。

また、「平家、海軍、国際派」といえば、傍流であることの代名詞。おもに「国際派」が自嘲するときに使われてきました。裏返すと、世の中の主流を占めてきたのは、「源氏、陸軍、内政派」だったという意味を含んでいます。

あるいは、最近の新聞では「いまだけ、カネだけ、自分だけ」という3段語が使われていました。いまどきの若者の刹那的な感覚を表した言葉です。こういうふうに3段語化すると、語調がいい分、長い文章よりも、よほど記憶に残るという効果が生じます。

118
「いい文章」の条件

遠回しな表現は、書き直すよりも、削れないかと考える

遠回しの表現を多用すると、文章はてきめんにつまらなくなります。たとえば、次の文章です。

> 小売業に関係する仕事に従事する人は、傲慢な客に関係する接客を苦とは思っていないと思われる。

この文章が歯がゆく感じられるのは、遠回しの表現で逃げているからです。「関係する」「思われる」は、いずれも遠回しな表現であり、省略することができます。遠回しの表現を削れば、次の文のようにすっきりします。

> 小売業に従事する人は、傲慢な客の相手を苦にしない。

つい遠回しの表現をしてしまうのは、断定する自信がないためでしょう。しかし、前述したように、肯定するか否定するか、意見をはっきりさせてこそ、文章はおもしろくなります。

自分が遠回しの表現をしていると気づいたときには、態度をより鮮明にするつもりで、文章を見直し、遠回しの表現をカットできないかと、考えてみるといいでしょう。

119
「いい文章」の条件

客観性を要求される文章に、主観的な言葉はいらない

小説やエッセー、感想文以外の文章、要するに論文、ビジネス文書、レポートなどでは、客観性が重視されます。客観的な事実を踏まえて、自分の見解を書くのですが、そのさい、主観的な言葉を混ぜると、文章全体の客観性が失われてしまいます。たとえば次の文。

> 最近の学生を観察していると、昔と比べて小粒になった。やんちゃな学生が少なくなり、全体に覇気に乏しい。

この文章を書いた本人は、観察を前提にして、客観的に書いたつもりかもしれません。しかし、そのわりには「小粒」「やんちゃな」「覇気に乏しい」など主観的な言葉が並んでいるので、文章の客観性が損なわれています。文中の主観的表現を客観的表現に変えると、次のようになります。

> 最近の学生を観察していると、受験知識は豊富でも、受験以外の知識は乏しい。講義には出てこなくても本をよく読んでいる学生は少なくなり、講義にはかならず出席して点数を確保する学生が多い。

120
効果的な記号の使い方

中黒の使いかた一つで文章は断然わかりやすくなる

「・」は、「中黒」とも「中点」「ナカボツ」とも呼ばれる文を区切る記号。役割は、読点の「、」と似ていますが、日本語の文法上、読点を使えないところで威力を発揮します。

たとえば、「タイムイズマネーという格言がある」は読みにくい文です。これに中黒を入れると、「タイム・イズ・マネーという格言がある」と、読みやすくできます。

さらに、中黒は、並列するものを整理するとき、「、」以上に便利に使えます。たとえば、次の文は、国の名がずらずら並んでいるため、頭にすっと入ってきません。

> 第二次世界大戦では、日本とドイツとイタリアの枢軸国が、アメリカや英国、ソ連などの連合軍と戦った。

そこで、次のように整理すると、すっきりして読みやすくなります。

> 第二次世界大戦では、日本・ドイツ・イタリアの枢軸国が、アメリカ・英国・ソ連などの連合軍と戦った。

121
効果的な記号の使い方

中黒と読点をうまく使い分ける方法

中黒「・」と読点「、」の二つをうまく使い分けると、文章を視覚的にクリアにすることができます。

> 東京の新宿、大阪の難波、札幌のススキノ、福岡の天神、広島の流川などの繁華街がよく知られている。

これでも悪くはありませんが、次のようにすると視覚的によりわかりやすくなります。

> 東京・新宿、大阪・難波、札幌・ススキノ、福岡・天神、広島・流川などの繁華街がよく知られている。

このように、中黒は、とりわけ地名を整理するときに便利です。たとえば、「フィリピンのマニラの○○通りのぼったくり店には、要注意」という文では「の」が三つも続きます。これを中黒を使って整理すると、「フィリピン・マニラ・○○通りのぼったくり店には、要注意」となります。

122
効果的な記号の使い方

名前と肩書の間にも、中黒が使える

中黒は、漢字が並ぶときの整理にも役立ちます。とくに肩書と名前の整理に便利です。「伊藤博文内閣総理大臣」と書くと、漢字が10文字も続き、うんざりします。ここに、中黒を一つ入れて、「伊藤博文・内閣総理大臣」とすれば、読みやすくなります。

さらに、中黒には誤解を防ぐ効用もあります。たとえば、

中東京大教授の弁は、疑わしい。

この文では、「中東京大」という大学があると思ったり、「中《なか》」という名の東京大学教授と受けとる人もいるかもしれません。あるいは、「中東《なかひがし》」という名の京都大学教授と取る人もいるでしょう。そういう時は、中黒を使って、肩書と名前を区切るといいでしょう。

中東・京大教授の弁は、疑わしい。
……京都大学教授の場合
中・東京大教授の弁は、疑わしい。
……東京大学教授の場合

123
効果的な記号の使い方

「　」はセリフ以外にも使える

「　」の基本的な使い方は、セリフを囲むことです。

> 朝はおはようございます、夜はこんばんは、あるいはおやすみなさいが、挨拶の基本だ。

この文は、じつに簡単な内容ですが、「　」がないために、視覚的に読みづらくなっています。セリフの部分を「　」で囲むだけで、一目でわかるようになります。

> 朝は「おはようございます」、夜は「こんばんは」、あるいは「おやすみなさい」が、挨拶の基本だ。

また、「　」は〝考えたこと〟を示すうえでも、有効に使えます。「姉は素敵な人と思い、妹は信頼できない男と感じた」という文では、姉と妹、それぞれの考えが一目ではわかりにくくなっています。姉と妹のそれぞれの考えを「　」で囲むと、格段にわかりやすくなります。

> 姉は「素敵な人」と思い、妹は「信頼できない男」と感じた。

124
効果的な記号の使い方

言葉に〝スポットライト〟を当てる「　」の効果

「　」で囲んだ部分は、視覚的に他の部分よりも、読者の目をひきやすくなります。この特性を利用すると、「　」は大きな効果をあげます。キーワードを「　」で囲むことで、読む人にキーワードを印象づけることができるのです。たとえば、

> 日本文化の特色の一つに、わび、さびがあります。

この文でも十分通じますが、キーワードとなっている「わび」「さび」を「　」で囲むと、視覚的なインパクトが高まります。

> 日本文化の特色の一つに、「わび」「さび」があります。

文章を書くときは、キーワードを設定し、読者の興味を引きつけていくのが有効。その点でも、「　」はキーワードにスポットライトを当てるような演出上の効果を生むのです。

125
効果的な記号の使い方

商品名、題名、番組名は『　』で囲む

『　』は、「　」の中のセリフを囲むのが使い方の基本。「母さんが『気をつけて行ってきてね』と言っていたよ」という具合です。

もう一つ、近年、よく使われるようになっているのが、作品名や曲名などの固有名詞を囲むケースです。

> ＮＨＫの大河ドラマ秀吉は、名作だった。

という書き方だと、ドラマのタイトルが秀吉だと一目ではわかりにくいので、番組名の秀吉を『　』で囲むのです。

> ＮＨＫの大河ドラマ『秀吉』は、名作だった。

このように、マスコミでは、作品名や曲名などをきわだたせるため、『　』で囲むケースが増えています。そうしなければならないという決まりがあるわけではないのですが、便利かつわかりやすい使い方だとみる人が多く、広まっています。

長い言葉を（　）で囲んではダメ

（　）は、「丸括弧」、あるいは「パーレン」と呼ばれます。語句の意味を補足説明するときなどに便利に使える記号です。「ドイツは、かつてドイツ連邦共和国（西ドイツ）とドイツ民主共和国（東ドイツ）に分かれていた」などと使います。

ただし、（　）の使い方には注意が必要です。長い語句を（　）で囲むと、かえってわかりにくくなるからです。たとえば、次の文。

> バルト３国（リトアニア・エストニア・ラトヴィアのことで、そろって１９９０年にソ連から独立）の安全保障は、ロシアの動向にかかっている。

この文が読みづらいのは、（　）で囲んだ部分が長すぎるため。この場合、（　）は使わず、次のように地の文で説明したほうが読みやすくなります。

> リトアニア・エストニア・ラトヴィアのバルト３国は、１９９０年にそろってソ連から独立した。バルト三国の安全保障は、ロシアの動向にかかっている。

127
効果的な記号の使い方

無駄な（　）を使うと読みにくくなる

（　）は、前項で述べたように、語句の補足説明などに便利な記号ですが、使いすぎには注意したいもの。なかには、無駄としか言いようがない（　）もあります。

> 明日のセールスでは、大入りを期待しています（現実には、厳しいものがありますが）。

この文の（　）内の言葉は、個人的な弁解を入れているにすぎず、ないほうがマシ。残すにしても、書き方を変えたほうがよいでしょう。

> 現実には厳しいものがあるかもしれませんが、明日のセールスでは、大入りを期待しています。

また、「　」の多用にも、気をつけたいものです。

> 「自分探し」に疲れて、「本当の自分」を見失い、「自分」に回帰できない。

これでは、キーワードがかえってぼやけてしまいます。「　」を使うなら「自分」だけで十分です。

128
効果的な記号の使い方

人に読んでもらう文章に、略字を使わない

略字は、メモ書きや仲間内で使う分には便利に使えます。株式会社を（株）と略せば、書く手間や使う文字数を少なくできます。年齢を「50歳」ではなく「50才」と書くのも、手書きのメモでは便利です。ただ、略字を正式な文書に書くのは禁物。たとえば、

> ５才ぐらいの子供に、戦斗シーンの多い映画を見せるのは、いかがなものか。マル暴が出てくる映画も、幼い子供には見せたくないものだ。

このように略字を含む文章は、粗雑で下品な印象を与えます。略字があるだけで、信憑性を疑われるのです。年齢を表す単位は、正しくは「才」ではなく「歳」です。「斗」は「闘」の略字。また、「マル暴」（暴力団を意味する警察関係の俗語）のような俗語を使うのも、ＮＧです。正しくは次の文になります。

> ５歳ぐらいの子供に、戦闘シーンの多い映画を見せるのは、いかがなものか。暴力団が出てくる映画も、幼い子供には見せたくないものだ。

129
効果的な数字の使い方

説得力をアップさせる数字の使い方

文章の説得力を高めるうえで、数字は効果を発揮します。単に「大きい」「少ない」と書くよりも、数字を示して説明したほうが読者の納得を得やすくなるのです。

たとえば、「今日は、大変暑かった」は印象に残らない文章ですが、数字を入れると違ってきます。「今日の最高気温は39度と、大変暑かった」と書くことで、読む人の体感に訴えやすくなります。

さらに、数字をうまく使うと、文章全体の信頼度が増します。

> 日本企業の特徴は長期雇用にあるといわれるが、じつはそうではない。ヨーロッパの先進国とそう変わらない程度だ。

この文章だけでは説得力に欠けますが、数字を入れるだけで信憑性が高まります。

> 日本企業の特徴は長期雇用あるといわれるが、じつはそうではない。20 年以上の長期雇用の割合は、日本は 22 パーセント。フランスの 23・5 パーセント、イタリアの 23 パーセントよりも低いのだ。

130
効果的な数字の使い方

できる大人は数字の数え方を間違えない

数字は「助数詞」を伴います。ものの数え方を安易に扱うと、数字のもつ説得力は半減してしまいます。たとえば、次の文。

> 今夜の鍋用に、キャベツ一個と白菜一個、カニ一つ、豆腐一つを用意した。

この文、間違いとはいえませんが、数え方がきわめて雑であり、幼稚。大人なら、

> 今夜の鍋用に、キャベツ一玉、白菜一株、カニ一杯、豆腐一丁を用意した。

と書きたいものです。カニやイカは「匹」でも数えますが、「杯」が本来の数え方です。

ほかに、魚は「尾《び》」か「匹」、たらこは「腹」。料理は、盛りつけやスタイルよって数え方が異なります。料理の種類は「品」、皿盛りなら「皿」、一人分なら「一人前」となります。

オフィスにあるモノでは、机は「台」か「脚」、イスは「脚」、コンピュータは「台」か「基」です。面倒な話ではあるのですが、助数詞を正しく使い分けている文章を読むと、信頼性を感じるものです。

131
効果的な数字の使い方

「以上」「以下」「超」「未満」の使い方を確認しよう

数字は、「以上」「以下」「超」「未満」といった言葉を伴うことがあります。これらの言葉を使い間違えると、数字に関する情報を正確に伝えられません。たとえば、次の文は誤りです。

> 日本の法律では、飲酒は満20歳以上の人に認められている。満20歳以下の人に飲ませると、罰せられることになっている。

「以上」「以下」のように「以」がつく語句では、基準値を含みます。一方、「超」「未満」は、基準値を含みません。正しくは、次のようになります。

> 日本の法律では、飲酒は満20歳以上の人に認められている。満20歳未満の人に飲ませると、罰せられることになっている。

「〜前」「〜後」も同様に、基準値を含みません。たとえば、「日曜日の選挙の３日前となる金曜日」は誤り。３日前は「木曜日」です。正しくは、「日曜日の選挙の３日前となる木曜日」です。

132
効果的な数字の使い方

「ほか」と「その他」を正しく使う

数字は、「ほか」や「その他」という言葉を伴うこともあります。これらもまた、使い方や読みとり方を誤りやすい語句です。下の文は誤り。

> 当日の出席者は、部長ほか９名、合計９名となります。

「ほか」は、基準となる人を含みません。正しくは、次の文になります。

> 当日の出席者は、部長ほか９名、合計10名となります。

また、「その他」も同様で、「部長その他７名」と書いたときには、全員で８名となります。

では、「当日の出席者は、部長以下９名、合計10名」はどうでしょうか。これも誤りです。「以下」は、基準となるものを含むので、正しくは「当日の出席者は、部長以下９名、合計９名」です。

前項でも述べたように、「以上」「以下」「以前」「以後」の「以」のつく４語は、基準となるものを含むのです。

133
効果的な数字の使い方

読者に一目で伝える「単位」の扱い方

数字の単位を書くときは、一貫性をもたせるのが常識。単位選びに一貫性を欠くと、読む人を混乱させてしまいます。

たとえば、「青酸カリの致死量は１５０ミリグラム、砒素の致死量は０・０６グラム」という言い方は、読者を混乱させます。単位が異なるため、どちらが危険か、よくわからないからです。ここは、「ミリグラム」か「グラム」のどちらかに単位を統一します。

> 「青酸カリの致死量は１５０ミリグラム、砒素の致死量は60ミリグラム」

では、「青酸カリの致死量は１５０ミリグラム、ポロニウムの致死量は５ナノグラム」はどうでしょう。この場合、実感をもってわかりにくいのが、「ナノグラム」という超微量の単位です。仮に参考にした資料にこう書かれていても、自分で書くときは単位をそろえたいもの。１ナノグラムは10億分の１グラムなので、「青酸カリの致死量は０・１５グラム、ポロニウムの致死量は10億分の５グラム」と書けば、ポロニウムがいかに危険な物質か、読者に一目で伝わることでしょう。

COLUMN 3

文章で、この日本語を使ってはいけない！

◎書いてはいけないＮＧワード

プロの書き手であれば、文章中、まず使わない言葉があります。玄人は、その言葉を使うと、てきめんに文章があいまいになったり、独善的になったりすると知っているから使わないのです。このコラムでは、そうした危険な言葉をまとめました。ＮＧワードで文章全体を台無しにしないよう、ご注意のほど。

▶独善的な文章と思わせるＮＧワード

べき……ハウツウ物を書くライターが避ける言葉。「〜するべきです」と書くと、命令しているようなニュアンスが生じ、読者の反発を買いやすいため。「〜したほうがいいだろう」「〜としたほうが賢明だ」などと言い換えるのが、読者の反発を避けるコツとされています。

常識的に考えて……「常識」の範囲は、人によって微妙に違うもの。その点を考慮していない独善的な言葉。「自分の常識が世間の常識」という傲慢さも感じさせます。

ふつう……「それが、ふつうです」などと書かれていても、何が「ふつう」か読む人にはわかりません。自分の「ふつう」と相手の「ふつう」が違うことに思い至らない傲慢さを感じさせる言葉です。

絶対……「絶対大丈夫です」「絶対安心です」など、自信のほどを見せたいときに使いがちな語。具体的な根拠や理由を挙げられないと、相手に「その根拠はどこにあるんだ？」と思われます。

100%（ない・ある）……この言葉を文章で使うと、かえって疑われやすくなります。大人なら、この世の中、100%確実なことなどほぼありえないことは、よく知っているもの。それなのに、「100%の確率で」「100%ありえない」などと書くと、「本当にそうかな？」と、眉に唾されることに。

かならず……「絶対」と同様の意味をもつ言葉だけに、多用は禁物。根拠も明示せずに文章のあちこちで使うと、かえって「本当かな」という印象を与えます。プロの書き手は、「〜であることが多い」「〜となる確率が高い」など、「絶対」「100%」「かならず」などを使わない表現を心得ているもの。

▶感情的な文章と思わせるＮＧワード

ありえない……自分の考えに絶対的な自信を持っている人

が使いがちな言葉。現実には、想定外のことが起こるのは、よくある話。そこに思いが至っていない、視野の狭さを感じさせる言葉といえます。

許せない……感情的で幼稚な印象を与える言葉。自分がつねに正しいと思い、自分と違う考えの人を認めない狭量さを感じさせます。とくに、政治や道徳的な問題についての文章を書くときに注意。

信じられない……他人の考えを否定したいとき、使いがちな言葉。「許せない」と同様に、自分の価値観以外を認めない狭量さを感じさせるので、避けたほうがいいでしょう。

決まっている……自分では自明と思えることでも、「決まっている」と書くと、読者の反発を買う原因に。「決まっている」と言いきるには、読む人を納得させるような証拠や理由を挙げることが必要です。

言語道断……「言語道断なふるまい」「言語道断な話」など、この言葉を使うと、相手を全面否定することになってしまいます。安易に使うと、書き手の判断力を疑われかねないので、読者の賛同を確実に得られるときにのみ使いたいもの。

▶紋切り型の文章と思わせるNGワード

〇〇が生きていたら何と言うだろう……新聞のコラムなどでよく見かける紋切り型のフレーズ。〇〇には亡くなった著名人の名が入ります。著名人の名を借りて、自分の考えを主張しようとするところが、読者にあざといと思われることになりがち。

いまどきの〇〇は……「いまどきの女子高生は～」「いまどきの原宿は～」などと書き出すのは、あまりに陳腐で常套的。自分では新しいことについて述べるつもりでも、古臭い文章にみえます。

テレビでおなじみの……その人やモノがいかに有名かを伝えたいときに使いやすい紋切りフレーズ。「テレビで紹介されているから、いい」という価値観に辟易する人もいるので使わないほうが無難。近年では、「ネットで話題の」も同様の紋切り表現といえます。

日本男児・大和《やまと》撫子《なでしこ》……ともに、時代錯誤的な印象を与える表現であり、安易な使用は禁物。「サムライ」や「侍」も、男性をたたえるときに使うと、文章全体が一気にステロタイプになってしまいます。よほど、しっくりくるとき以外は使わないほうがいいでしょう。

その筋によると……情報源をぼかすための常套句ですが、読む人に情報の信憑性を疑わせることにもなる言葉。「事情通によると」も同様。同じ匿名情報でも、「警察関係者から聞いた話」「裏世界に住む人の話」など、情報ソースを多少でも明らかにしたほうがまだマシというもの。

誠意……この言葉を使うと、文章が一気にウソっぽくなってしまいます。「誠意を尽くした」などと自分側に使うと、根拠のない自賛に聞こえ、相手側に対して「誠意が感じられない対応」などと使うと、具体的な指摘に欠けるため、クレーマー的な感想と受け止められかねません。

▶ 幼稚な文章と思わせる形容詞や副詞

すごい……口語では、感動的なことや場面に出会ったときに使われる語ですが、文章に用いると、幼稚な印象を与える形容詞。「素晴らしい」「立派な」「斬新」「画期的」など、より適切な形容語を探したいものです。

かわいい……会話では、様子や姿などをほめるときに使う言葉ですが、文章には不向き。幼稚な印象を与えることになりがち。

やばい……口語では、「危険」という本来の意味のほか、「すばらしい」という意味でも使われている語。意味を誤解されやすいうえ、品のない俗語であり、文章には不向きです。

悩ましい……「悩ましい問題だ」などと、決めかねるときに使われる言葉ですが、もとの意味は違い、「悩ましい肢体」「悩ましい下着姿」などと、性的な刺激を受けて心が落ち着かないさまを指します。使うとしても、そのことを知ったうえで使いたいもの。

卑怯な……安易に使うと、根拠のない価値判断のように聞こえ、書き手のほうが品性を問われることに。「卑劣」も同様。

(笑)……「軽い冗談です」という意味を示す〝記号〟ですが、ビジネス文書など、あらたまった文章ではもちろんＮＧ。くだけた日常雑記を書く場合でも、避けたほうがいいでしょう。自分から「笑う」と、相手は笑ってくれなくなるものです。

Lesson4

他人には書けない「自分だけの言葉」を探す方法

134
文章を短くする方法

一文は50字以内におさえる

わかりやすい文章を書く第一のコツは、一文一文を「短くする」こと。一文が長いと、内容をつかむのが難しくなり、読み手に負担を与えます。書いているほうも混乱して、ヘンな文章を書く原因にもなります。たとえば、次のような文章です。

本籍地を現住所にしなければならないという法律はなく、実際には住めない土地でも本籍地にでき、人気なのは東京都千代田区千代田１番だが、それは皇居の住所だ。

この文章が読みにくいのは、一文が80字とひじょうに長いからです。この文章を読みやすくするには、文を短く切ることです。目安は、一文を50字以内におさえること。すると、次のようになります。

本籍地を現住所にしなければならないという法律はない。実際には住めない土地でも、本籍地にできる。本籍地として人気なのは、東京都千代田区千代田１番。それは、皇居の住所だ。

135
文章を短くする方法

一つの文には一つの内容と決めておく

一文を50字以内でおさえようとしても、気がつくと長い文章になっている――そんなこともあるでしょう。その原因の一つに、一文の中で、あれもこれも説明しようとすることがあります。たとえば、次のような文章です。

> 我々の時代の学生の海外旅行といえば、貧乏旅行と相場が決まっていたが、最近の若者は汚い宿に泊まるのを敬遠する傾向があるようで、そもそも海外旅行自体に興味を示さない者も多いと聞く。

この文章では、一文の中に、自分の学生時代の話と最近の若者の傾向の両方が入っています。しかも、最近の若者の傾向について、二つの内容を述べています。それらを、それぞれ独立した文にしてみます。一文に一内容だけ書くようにすれば、文章を短くできるうえ、伝わりやすい文章になります。

> 我々の時代の学生の海外旅行といえば、貧乏旅行と相場が決まっていた。ところが最近の若者には、汚い宿に泊まるのを敬遠する傾向があるようだ。そもそも、海外旅行自体に興味を示さない者も多いと聞く。

136
文章を短くする方法

文字数を減らすための言葉の選び方

文章を短くするためには、言葉の選び方も大切。単純な話、一つひとつの言葉が長いと、文章全体も長くなってしまうのです。

> 何度も通ってくれるお客は、店にとってありがたい存在だが、ときにクレーマーになりかねないので注意が必要だ。

この文は、「何度も通ってくれるお客」を「リピーター」と言い換えるだけで、短くできます。

> リピーターは店にとってありがたい存在だが、ときにクレーマーになりかねないので注意が必要だ。

もっとも、「リピーター」という言葉を知ってはいても、とっさに思い浮かばないこともあるかもしれません。そこで、文を短くするには、自分の書いた文章を読み返すことが必要になってきます。より短くできる表現はないかと考えながら、読み返す癖をつけるといいでしょう。

137
文章を短くする方法

“長いダブリ”は意外に見落としやすい

同じ言葉や似た言葉のダブりに注意していても、案外、見落としがちなのが、“長い言葉”のダブりです。とりわけ、主語に長い言葉を選んだとき、その言葉を繰り返すケースが目立ちます。たとえば、次のような具合です。

> 太陽光発電をはじめとする自然エネルギーは、資源小国の日本にとって注目すべき技術だ。しかも、太陽光発電などの自然エネルギーを使うことで、二酸化炭素の排出量を抑えられる。

一文目と二文目に似た言葉が続けて出てきます。最初に「太陽光発電をはじめとする自然エネルギー」と書いているのですから、次はより簡潔な言葉で伝えられます。

> 太陽光発電をはじめとする自然エネルギーは、資源小国の日本にとって注目すべき技術だ。しかも、自然エネルギーなら、二酸化炭素の排出量を抑えられる。

最初に、自然エネルギーについて「太陽光発電など」と説明しているので、以後は「自然エネルギー」とあれば、読む人は自然に「太陽光発電など」をイメージしてくれるものです。

138
文章を短くする方法

似たような意味の言葉も、省けないか考える

　同じ言葉や漢字でなくとも、似たような意味の言葉を重複して使うのは考えもの。それだけで、くどい印象を与えてしまいます。

　請求書の金額を書き間違えるという失敗を犯したのは、痛恨のミスだった。

　この文の中の「失敗」と「ミス」は日本語か英語かの違いだけで、ほぼ同じ意味です。どちらか片方にまとめると読みやすくなります。

　請求書の金額を書き間違えるという、痛恨のミスを犯した。
　請求書の金額を書き間違えるという、失敗を犯した。

　以下、同じ意味なのに、重複して使いがちな言葉の例です。「理由」と「わけ」、「よく」と「しばしば」、「だろう」と「思う」、「原因」と「～のせい」という似た言葉を使った文（上）を、どちらか一方を省いた文（下）に整理しました。

取引先が急に態度を翻した理由は、おそらく次のようなわけがあるのだろう。

↓

取引先が急に態度を翻したのは、おそらく次のような理由からだろう。

……………………………………………

私はよく忘れ物をして、周囲に迷惑をかけることが、しばしばある。

↓

私は忘れ物をして、周囲に迷惑をかけることが、しばしばある。

……………………………………………

彼はきっと成功するだろうと思う。

↓

彼はきっと成功するだろう。

……………………………………………

彼が嘘をつくようになってしまった原因は、家庭環境のせいだ。

↓

彼が嘘をつくようになってしまった原因は、家庭環境にある。

139
文章を短くする方法

「という」「ということ」「というわけで」は、おおむね削れる

文章がまだるっこしくなる原因の一つに、「という」の多用があります。「という」は、読む人が知らないと思われる名詞を書くときに、よく使われます。たとえば、「オスマン帝国のイエニチェリという歩兵軍団」という使い方は問題ありませんが、何にでも「という」を使うと、リズムのない、くどい文章になってしまいます。

> 人間には、喜怒哀楽という感情がある。

「喜怒哀楽」は誰もが知っている言葉であり、この文で「という」を添える必要はありません。単に、

> 人間には、喜怒哀楽がある。

とすればいいのです。

また、「という」よりも、さらに文章を冗長にするのが、「ということ」です。たとえば、次の文。

> 近頃の若者は、電話を取り次ぐということが下手になっている。

この文は「ということ」のために、無駄に長くなっています。「電話の取り次ぎ」は誰もが経験していることであり、「ということ」を添える必要はありません。次のようにすれば十分です。

> 近頃の若者は、電話の取り次ぎが下手になっている。

もう一つ、「ということは」も、くどい言葉です。たとえば、次の文です。

> 地球温暖化のため、南極の氷が溶けているという説があるが、一方で、南極の氷は増加しているという報告もある。ということは、地球は温暖化していないという説にも、一応の根拠は用意されている。

この文では、後の文が前の文を「ということは」で受けていますが、実際のところ、この「ということは」を削ったほうが、文章はすっきりします。

> 地球温暖化のため、南極の氷が溶けているという説があるが、一方で、南極の氷は増加しているという報告もある。地球は温暖化していないという説にも、一応の根拠は用意されている。

同様に、「というわけで」も慎重に使いたい言葉。「というわけで」を使いたくなったときも、削れないか、よりシンプルな言葉で代用できないかと、考えたほうがいいでしょう。

140
文章を短くする方法

無駄な言葉は、削れば削るほど、焦点を絞れる

学生時代、小論文作成で「８００字以内で書け」などと指示され、マス目を埋めるのに苦労した人は多いでしょう。文章をなんとか引き延ばし、目標字数に近づけた人もいるでしょう。ただ、そうした〝努力〟は読みやすい文章を書くには逆効果です。書きたいことに焦点を絞り、不要な言葉を削れば削るほど、主張を伝えやすくなります。

> 私が学生だった１９８０年代と比べたとき、近年の人工知能の進化は、自ら学習する能力を備え、囲碁対決でプロ棋士をまかすなど、極めて目覚ましいものがある。今後どこまで進化するか考えると、末恐ろしいものがある。

上の文章は、人工知能に関する説明が長すぎるため、何が言いたいのか、わかりにくくなっています。「人工知能の進化は目覚ましい」ことが主張なら、そこに焦点を絞ります。

> 近年の人工知能の進化には、目覚ましいものがある。

このように、最も言いたいことを短い一文に集約させます。そのうえで事実関係と意見を述べていけばいいのです。

141
文章を短くする方法

文章の最後に〝同じこと〟を書いて締めくくらない

文章を書いていると、最後に自分の主張を強調して終わりたいもの。ただし、文章の最後に、それまでに書いてきたことと、同じことを書くのはＮＧです。たとえば、次の文。

> いまの日本サッカー界が取り組まねばならないのは、個々のレベルを引き上げることだろう。日本は組織力で戦うといっても、個々の力が弱くては限界がある。個々の力を引き上げていかなくては、世界レベルでは勝てないのだ。

この文章では、初めの一文と最後の一文の主張内容が、ほぼ同じで、くどさを感じさせます。最後の文をカットして、次のようにすればいいでしょう。

> いまの日本サッカー界が取り組まねばならないのは、個々のレベルを引き上げることだろう。組織力で戦うといっても、個々の力が弱くては限界があるのだ。

文章の終わりに、同じことを書いてしまうのは、強く主張したいという気持ちがあるからでしょう。しかし、その〝熱い思い〟が、文章全体をおかしくしてしまうのです。

142
文章を短くする方法

よけいな結びなら、ないほうがマシ

文章の結びを印象的な言葉で締めくくれるのは、プロの芸。素人が格好をつけると、失敗しがちです。そこまで、説得力のある文章を書いていながら、紋切り調のオチを書いて、着地に失敗するケースが多いのです。たとえば、次の文章です。

地球温暖化を食い止めるには、温室効果ガスを抑制するしかない。ただ、それは個人の努力で達成できるものではない。一国家の取り組みにも、限界がある。温室効果ガスの抑制には、国家間の協力が必要だ。国家間が協力し、さらに全世界に住む人たちが同じ意識を持つようになれば、温室効果ガスは抑制され、人類の未来は明るいものとなろう。

上の文章は、余分な結びを書いたため、かえって説得力を失っています。あっさり終わったほうがよほどマシです。

地球温暖化を食い止めるには、温室効果ガスを抑制するしかない。ただ、それは個人の努力で達成できるものではない。一国家の取り組みにも、限界がある。温室効果ガスの抑制には、国家間の協力が必要だ。

143
読みたくなる文章とは？

読み手の顔を思い浮かべて書く

文章を書くときは、読み手が誰なのか、具体的に想定することが大切。性別や対象年齢層によって、適切な書き方は違ってきます。もっとも重要なことは、そのテーマに関する相手の知識レベルに応じて書くことです。

たとえば、ふだん料理をしない人向けの料理教室を開くとしましょう。その案内文として、次のように書いたらどうでしょう。

> 初心者向けの料理教室を開催します。みなさま、ふるってご応募ください。

料理に関する知識の少ない人は、自分が参加できるレベルなのか、不安に思う人も多いはずです。そこで、次のように変えてみます。

> 初心者向けの料理教室を開催します。お米のとぎ方や材料の切り方から学んでいきます。未経験者、男性の方も大歓迎です。

これなら読み手は、その教室がどのような生徒を想定しているのか、具体的にイメージできます。

144
読みたくなる文章とは？

実用文は「起承転結」ではなく、「起承結」で書く

昔から「文章は起承転結で書くもの」と言われてきました。その場合のポイントは「転」で、それまでの流れを変えることで、読者の新たな興味をひくのです。

ただし、これはおもに「フィクション」をつくるためのテクニックであり、実用文に「転」は不要です。たとえば、お客からの電話に関する報告を書くとしましょう。

> 本日、並河様よりお電話がありました。入荷予定の冷蔵庫がまだ来ていないとのことでした。ご指摘を受けて、現場は一時混乱し、ミスの原因は誰にあるのか責任追及の場になりましたが、部署内での連絡ミスと判明しました。ただちに、入荷予定を再確認し、25日（金）到着の旨をお伝えしました。

この文章内で、「起」となっているのは、「本日、並河様よりお電話がありました」です。

これを受けて「承」の「入荷予定の冷蔵庫がまだ来てないとのことでした」と続きます。

つづいて「転」となり、「現場は一時混乱し、ミスの原因は誰にあるのか責任追及の場になりましたが、部署内での連絡ミスと判明しました」となります。

そして「結」の「ただちに入荷予定を再確認し、25日（金）到着の旨をお伝えしました」で終わらせています。

この起承転結の流れの中で不要なのが、「転」の部分なのです。

実際のところ、現場が混乱、責任追及が行われたという話は、クレーム報告文書の目的を考えると、どうでもいい話です。「転」の部分はよけいな情報であり、不要です。ばっさり削ってみます。

本日、並河様よりお電話がありました。入荷予定の冷蔵庫がまだ来ていないとのことでした。ただちに、入荷予定を再確認し、25 日（金）到着の旨をお伝えしました。

これが、「転」を除いた「起承結」の文章です。「転」を省いたことによって、わかりにくくなるどころか、むしろわかりやすくなっています。

たしかに、物語では「転」は大きな山場となります。「転」の部分で、物語がダイナミックに展開し、「転」を経てこそ、「結」が盛り上がります。

けれども、ビジネス文書は、盛り上がるためのものではありません。必要な情報だけを正確に伝えるのが、ビジネス文書の本領です。

145
読みたくなる文章とは？

文章の面白みで読者をひきつける三つの方法

この本では「シンプルに書け」という意味のことを繰り返し述べてきました。それが、正確にわかりやすく、情報を伝える最良の道だからです。

ただし、簡潔な文章を心がけると、ときとして文章の面白さを犠牲にすることも事実。淡々と叙述するだけの味気ない文章になりがちなのです。

原稿用紙にして２～３枚以上書くときには、一か所くらいはテクニックを使って、表現の面白さで読者の興味をつなぎとめたいところです。

文章表現を面白くする手法は、大きく三つに分かれます。「逆説」「対句」「比喩」の三つの手法です。この項では、まず「逆説」表現について紹介していきます。

例を上げると、

> 高い山こそ、ゆっくり登れ

のような表現が、ここでいう逆説的表現です。逆説は言葉としても魅力的ですし、「なぜ、そんなことが言えるのだろう？」という謎をはらんでいます。それが、読者に興味を抱かせるのです。

逆説フレーズは意外に簡単につくることができます。「○○

であり、△△ではない」「○○ではなく、△△」の二つが逆説表現の定番型なので、この「○○」「△△」にあてはまる言葉を探すのです。

例を上げると、「省益あって、国益なし」は、「～であり、～ではない」という形の代表例。日本の官庁の縦割り行政ぶりをワンフレーズで表した名文句です。

また、「事実などは存在しない。ただ解釈だけが存在する」は、哲学者ニーチェの名言。こちらは、後者の「○○ではなく、△△」のパターンです。

「戦士は死ぬ。だが、思想は死なない」は、キューバ革命の指導者カストロが、同志ゲバラの死に際して贈った言葉。これも、「○○ではなく、△△」のパターンといえるでしょう。

ほかに、反対の意味をもつ形容詞などを組み合わせても、逆説表現はつくれます。

たとえば、「古くて新しい○○」は、逆説的表現の定番。「昔からあるが、今も存在し、しかも重要」という意味です。○○には、「課題」や「テーマ」などの言葉がはいります。

「敗れてなお強し」も、このパターンの定番。「○○高校の、敗れてなお強しと思わせた戦いぶり」などと使います。

というわけで、意外にカンタンにつくれるのが逆説表現です。

何度も使うのはご法度ですが、長い文章を書くときは、一か所くらいは、文章をひねって、読者をハッとさせてください。

146
読みたくなる文章とは？

文章表現の読ませどころを「対句」で作る

言葉の面白さで読者をひきつける、おすすめテクニックの二つめは、「対句」を用いることです。ここでいう、対句とは、形は似ているが、意味は違う（正反対のことが多い）フレーズを並べる手法のことです。

> イチローは誰の真似もしなかった。そして、誰もイチローの真似をできなかった。

この型は、対句の基本パターンといえ、さまざまな文章で使われています。「イチロー」の代わりに、「スティーブ・ジョブズ」を入れても、「織田信長」や「ナポレオン」を入れても、ぴったりくるはずです。

このフレーズは、前後の二文に「同じ主語」と「同じ述語」を使って対句にしていますが、まったく同じでなくても、「よく似た主語」「よく似た述語」を使うのが、対句作りの基本になります。

たとえば、「弱者は敗者に非ず、強者は勝者に非ず」は、プロ野球の野村克也氏がよく使ったセリフです。「弱者」「強者」という反対語を主語にし、述語は同じ「非ず」を使って対句にしています。このフレーズの場合、文語体にしているところがミソといえるでしょう。「孫子の兵法」のような雰囲気を醸し出しています。

「最悪の状況では最善の選択」――これは、「最悪の」「最善の」という形の似た反対語を使って、対句を構成しています。このパターンも、「最悪の中では最良のスタートを切る」「それは最高の時代であり、最悪の時代だった」など、さまざま文章で使われています。

「志は高く、腰は低く」も、反対語を使ったパターンです。この「～は高く、～は低く」も、よく使われる形で、後半の～に「腰」「身」「頭」などを入れると、腰の低さの大切さを説く言葉になります。「理想は高く、頭は低く」「望みは高く、身は低く」という具合です。

「どん底からは上り坂しかない。頂上からは下り坂しかない」は、反対語を多用したパターンです。「どん底」に対して「頂上」、「上り坂」には「下り坂」を対比させ、対句を構成しています。

なお、山登りや坂道は、物事の遂行をめぐる比喩によく使われます。これは、その〝特性〟を利用して、対句にしたパターンといえます。

最後に、歴史に残る対句を介しておきましょう。ヘレン・ケラーの言葉です。

障害は不便である。しかし、不幸ではない。

「不便」「不幸」という似た語を使った日本語訳が、うまく決まったフレーズといえるでしょう。

文章表現の華「比喩」の成功パターンを知っておこう

「比喩」は、文章表現の華です。しかし、安易に使うと、落とし穴にもなります。言い古された陳腐な比喩を使うと、文章全体が陳腐に、そして軽薄にもなってしまうからです。

ここでは、比較的失敗の少ない比喩作りの手法を紹介しておきます。「地形」「気象」「有名なモノ」にたとえる三つの手法です。

まずは、「地形にたとえる」方法です。たとえば、「浮島のように残っている部分」という比喩は、ポツンと残っていることの形容に使われるフレーズ。ただし、まだ慣用句にはなっていないので、手垢はさほどついていません。このあたりの言葉が、比喩に使う言葉としては狙い目です。

ほかにも、地形をめぐる言葉は、海や川、谷、森などを中心に、比喩によく使われています。

比喩を作る二つめの手法は、「気象現象にたとえる」ことです。

たとえば、「霧が晴れるような思い」といえば、長年の疑問が解ける、方策が見つかるなど、何らかのアイデアに恵まれた瞬間を表す比喩。「雲間から光が差すような」も、同様のシチュエーションでよく使われる比喩です。

「霧」は、気象関係の言葉では、比喩の主役級といえ、「霧が立ち込めている」は、行く先が見通せない様子の比喩。「濃霧」が立ち込め「暗雲」が垂れ込めれば、先行きはいよいよ暗くなります。

ほかに、晴れ（晴天）、雨、雲行き、霞（がかかる）、虹、風（追い風、順風、強風、向かい風、アゲインストの風）などが、比喩にはよく使われます。

三つめの手法は、誰もがよく知っている「有名なモノにたとえる」方法です。有名なものは、みんながその性質や属性をよく知っているので、その共通理解を利用して、比喩をつくるのです。

たとえば、「国際社会にウルトラマンはいない」といえば、国益を争うジャングルのような国際政治には、危機を救ってくれる正義のヒーローはいないという意味です。このあと、「いるのは怪獣ばかり」と続ければ、対句としての面白さも生まれます。

「浦島太郎のような心境」は、誰もが知る〝有名人〟を使った比喩といえます。

むろん、有名人は実在の人物でもよく、「坂本龍馬のような働き」「淀君のような性格」「モーツァルトのような神童」など、多くの人が共通のイメージを抱いている有名人の名を借りれば、いろいろな比喩をつくることができます。

148
読みたくなる文章とは？

いちばんいい素材は、自分の〝強烈な体験〟

文章が少々下手でも、素材がよければ、興味を持って読んでもらえるもの。逆に、素材が悪いと、手練れの書き手であっても、おおむね中盤以降、失速するものです。

では、どうやってよい素材を仕込むかですが、素人の場合、その素材は自分の経験の中に求めるといいでしょう。これまでの人生経験を素材にするのです。むろん、珍しい体験ほど、読み手をひきつける素材になります。

たとえば、次の文章は、体験談のない文章です。

> 志望した企業に受からなかったため、あえて留年を選択する学生がいます。ほかに学業怠慢で留年する学生もいますが、留年は二年までにとどめることです。三留、つまり大学７年生にもなると、就職しようと思っても、相手をしてくれる企業はほぼ絶無といっていいでしょう。どんな理由であれ、三年も留年する学生を企業は信用してくれません。多くの場合、書類審査で落とされて終わりです。

この文章は一般論に終始しているので、あまり説得力がありません。この文章に説得力を与えるのは、自らの経験です。次の文章には、体験談が入っています。

志望した企業に受からなかったため、あえて留年を選択する学生がいます。ほかに学業怠慢で留年する学生もいますが、留年は二年までにとどめることです。三留、つまり大学７年生にもなると、就職しようと思っても、相手をしてくれる企業はほぼ絶無といっていいでしょう。

どんな理由であれ、三年も留年する学生を、企業は信用してくれません。

私の場合も、そうでした。まず、書類審査の時点で、多くの企業から相手にされません。面接を通過しても、最終面接で「三留」がひっかかります。企業の役員クラスには三留に否定的な人が少なくなく、そうとわかったとたん、それまで和やかだった場が凍りつくほどでした。

その後、私は、東京の零細企業になんとか就職できましたが、それさえレアケースです。

このように、体験談を入れると、文章の説得力が違ってきます。

ただし、体験談の中でも、成功談はＮＧ。えてして自慢話になりがちで、説得力を生むどころか、読者を辟易させるだけに終わります。

149
どう書き出すか

テーマが大きいときほど、身近な話からはじめる

重大な社会問題、壮大な科学技術など、大きなテーマについて書く場合は、いきなり本論に入ると、読者に拒絶されるケースがあります。「自分とは関係がない」「難しそう」と感じさせるからです。たとえば、次の文。

> 地球は、太陽の膨張とともに消滅する運命にあります。およそ１００億年とされる太陽の寿命はいま半分を過ぎた段階であり、これから先、太陽は中心部の核反応の燃料を使い果たすと、巨大化しはじめます。それが『赤色巨星』であり、巨大化する太陽の熱はやがて地球に迫ります。その熱によって、地球は蒸発し、跡形もなくなってしまうのです。

これは、地球の寿命と太陽という大きなテーマを扱った文章です。しかも、科学分野です。科学にはアレルギーを持っている人が少なくないので、ただでさえ拒絶されがちな内容です。

そんな拒絶されそうなテーマの文章をいかに読ませるかは、文章の書き出しにかかっています。冒頭で読み手をひきつけ、興味をもたせることができれば、その先も読んでもらえる可能性が高まります。

興味をもってもらうコツの一つに、日常からアプローチす

るという方法があります。地球の寿命と太陽がテーマなら、まずは太陽の光の暖かさからはじめるのも一つの選択肢でしょう。すると、先ほどの文章は、こうなります。

太陽の光は、人を元気にし、大地に恵みを与えてくれます。しかし、地球とこの星に棲むすべての生物は、やがてその太陽に滅ぼされる運命にあります。

このように一行目で、誰もが知る太陽の暖かさについて書きます。そしてつづく2行目以降で、読者をひきつけるための常套手段を使いました。「すべての生物が滅ぼされる」というショッキングな内容を書き、1行目とのギャップを大きくしたのです。

こうして、読者に「おやっ」と思わせることができれば、その後に「およそ100億年とされる太陽の寿命は、いま半分を過ぎた段階であり～」と前の文章と同様に続けても、読者に拒絶されることはないでしょう。

文章は、基本的には前置きを省き、本題から入ったほうがいいのですが、大きなテーマについて書くときや、長めの文章を書くときは、別です。とりわけ読者を身構えさせそうなテーマについて書くときには、その身構えを解くためのひと工夫が必要になるのです。

150
どう書き出すか

書き出しにこそ文章テクニックを使う

興味をもって読んでもらうためには、書き出しを工夫する必要があります。たとえば、次の文章は、その書き出しに難があります。

> グローバル資本主義とは、国家間の障壁を取り除き、グローバル化、自由化を推し進めた資本主義のことだ。グローバル資本主義は、ソ連の崩壊後、１９９０年代に進行した。国境を越えた企業買収が盛んになり、金融グローバリゼーションが進んだ。その結果、グローバル資本主義は、バブルを発生させ、さらには通貨危機をもたらした。

この文章は、カタい表現がつづくので、読む人を疲れさせます。

そこで、たとえば冒頭を次のように工夫すると、印象がすこし違ってくるでしょう。

> 20 世紀末、世界に怪物が現われた。グローバル資本主義という名の怪物だ。

この文章は、カール・マルクスの『共産党宣言』のパロディです。

ちなみに、『共産党宣言』の冒頭をみてみると、「一つの妖怪がヨーロッパに現われている——共産主義の妖怪が」となっています。

その本歌取りであると気づいて、にやりとしてくれる人もいるでしょうし、そうとは気づかない人も、「怪物」という印象的なキーワードに興味を抱いてくれるかもしれません。そこで興味を持ってもらえれば、あとは勢いで読んでもらえるでしょう。

なお、日本の論説文のうち、成功した書き出しの代表例は、福沢諭吉の『学問のすゝめ』でしょう。

> 天は人の上に人を造らず人の下に人を造らずといへり。

印象的な警句を冒頭にもってくることで、読者を引きつけたのです。

その効果、じつに一世紀半近くに及んでいるのですから、書き出しの力おそるべしです。

151
どう書き出すか

「史上○○」は、書き出しの王道

マスコミでは、「史上初めて」「史上最高」「史上最低」「史上最悪」といった事柄が、大きなニュースとして扱われます。それは、「史上○○」というニュースに、読者が大きな関心を寄せるからです。

この「史上○○」のバワーは、普通の人が書く文章にも、利用できます。文章を書き出すとき、「史上○○」の話を冒頭にもってくるのです。たとえば、ビジネスに関する報告書なら、「史上最高の伸び」「過去最低の売り上げ」といった見出しを最初に打って、レポートをはじめると、読者の食いつきが違ってくるはずです。

「史上○○」のことが見当たらないときは、〝期間限定の最高〟や〝カテゴリー内の最低〟を探すのがコツ。「全米最大のヒット映画」が一年に何十本もあるのは、それが特定の一週間や一定エリアという限定付きのトップだから。それでも、「最大のヒット」という冠は観客をひきつけるのです。

この方法をビジネス文書に利用すると、「今年度一位」「四半期トップの成績」「○○エリアで最下位」など、いろいろな最高や最低を探せるはず。そこから書きはじめれば、〝つかみ〟としては充分です。

152
どう書き出すか

1行目は、できるだけ短い文章にする

読者をひきつけるコツの一つは、書き出しの文章を短くすること。「吾輩は猫である。名前はまだない」の要領です。最初の文章が短い——それだけのことで、文章はとっつきやすくなるのです。

逆に、書き出しの文章が長いと、読む人はわずらわしさを感じます。たとえば、次のような文です。

> タイは妥協社会であり、妥協案を見つけるために、恐ろしいほどの時間をかける。この国では、他人との関係に気を配るタイプの人が、リーダーとして歓迎される。

この文章を読みやすくするには、最初の一文を二つに分け、短文化します。冒頭の文章を短文化すると、読む人をひきつけ、それにつづく文章が読んでもらいやすくなるのです。

> タイは妥協社会だ。妥協案を見つけるためには、恐ろしいほどの時間をかける。この国では、他人との関係に気を配るタイプの人が、リーダーとして歓迎される。

153
どう書き出すか

「○○という言葉がある」で書き出してみる

「○○という言葉がある」というフレーズは、書き出しの言葉として、かなり有効です。

「○○」には、耳新しい新語などを入れます。たとえば、「シンギュラリティ」という言葉がある。——と書き出してみます。シンギュラリティとは、コンピューター（人口知能）が人間の知力を超えることです。その瞬間を境に、コンピューターは加速度的に人間の知力を上回っていくとみられ、注目を集めている言葉です。この言葉のように、専門家の間では常識的だが、一般にはまだあまり知られていない言葉あたりが、○○に入れる狙い目になります。

また、○○には、偉人の名言などを入れるのも効果的です。たとえば、

> 「住宅は住むための機械である」という言葉がある。建築家のル・コルヴュジエが自らの信念を表したひと言だ。

——というように書き出すのです。近年、上野の国立西洋美術館を含めて、ル・コルヴュジエ建築が世界遺産に登録されましたが、その話もこう書き出せば、読者の関心をひきつけるうえ、彼の人となりや業績も具体的に伝えられるはずです。

154
どう書き出すか

具体的なエピソードから入る

印象的な書き出しにするコツの一つに、具体的なエピソードから入るという方法があります。たとえば、次の文章はどうでしょう。

> 名古屋には独特の「食文化」がある。喫茶店の「豪華モーニング」に、きしめん、味噌煮込みうどん、味噌カツと、朝・昼・夜の食事が楽しみになるくらいだ。

印象に残りにくく、読者の興味をひくとはいえない文章です。しかし、冒頭にエピソードを入れると、印象がかなり変わってきます。

> 朝、ＪＲ名古屋駅で降り、駅地下街の喫茶店でモーニングを食べて驚いた。ホットドッグに野菜サラダ、ゆで玉子までついて４５０円だったのだ。名古屋には独特の「食文化」がある。

このように、文の冒頭に、具体的なエピソードを入れると、書き手の実感を読者に伝えやすくなります。読者が同感してくれたり、「へぇー」と驚いてくれれば、その後も読んでもらえる文章になるのです。

155
効果的な推敲術

文章を書き終えた後の推敲のコツ

文章を書き終えたあとは、読み返して、脱字や誤字がないか、文章のつながり具合はどうかなどをチェックすることが必要です。これを「推敲」といいます。推敲してはじめて、文章は人に見せられるものになります。たとえば、次の文章です。

> 大分県は、九州の中で他県民から「大分県は九州ではない」と見られている。大分県が仲間外れにされていいるのは、大分県が厳しい山地に囲まれ、他県との交流に乏しいからだ。大分県むしろ、四国とよく交流してきたのだ。

この文章には、よけいな字が1か所、脱字が1か所、あります。わずか3行の文章に、二つもミスがあると、読むほうは嫌になります。よく推敲し、次の文のように直すことです。

> 大分県は、九州の中で他県民から「大分県は九州ではない」と見られている。大分県が仲間外れにされているのは、大分県が厳しい山地に囲まれ、他県との交流に乏しいからだ。大分県はむしろ、四国とよく交流してきたのだ。

156
効果的な推敲術

推敲のポイントは、ズバリ説明不足ではないか？

文章を一応書き終え、読み返すときには、「説明不足ではないか」という視点からも内容をチェックすることです。

> 近江商人は誤解されている。近江商人は「三方よし」の考えに則った商売を考えてきた。にもかかわらず、近江商人には「がめつい」というレッテルが貼られてきた。このレッテルは、じつは近江商人の商売敵が言いふらした悪口なのだ。

この文章では、「三方よし」という言葉の説明がされていません。「三方よし」は誰もが知っている言葉ではないので、次のように説明しておいたほうが親切です。

> 近江商人は誤解されている。近江商人は、「三方よし」の考えを方針とした。「三方よし」とは、売り手、買い手、世間の三つが揃って満足するのが商売であるという考え方だ。にもかかわらず、近江商人には「がめつい」というレッテルが貼られてきた。このレッテルは、じつは近江商人の商売敵が言いふらした悪口なのだ。

157
効果的な推敲術

パソコンで書いた文章を読み直すなら、画面より紙がよい

いまどき、文章をペンで原稿用紙に書く人は、そう多くはないでしょう。多くの人は、パソコンに向かって文章を作成しています。

もちろん、パソコンで作成する文章であっても、推敲は重要です。

そのさい、パソコン画面内で推敲するのでなく、プリントアウトをして、紙上で推敲すると、作業の質が上がります。パソコン画面では気づかなかったことが、紙上ではじつによくわかるのです。たとえば、次の文がパソコンからプリントアウトした文章だったとします。

> 1932年の（昭和七）の犬飼内閣の組閣以後、およそ8年間が憲政の情動といわれる時代だ。。憲政の情動の時代は、政党政治の全盛期日であったが、その一方、金権政治との批判型得なかった。

この文章には、誤字もあれば、言葉が統一されていない箇所もあります。また、不要な文字が紛れ込んでもいます。

正しくは、次の文章になります。

１９３２年（昭和７）の犬養内閣の組閣以後、およそ８年間が憲政の常道といわれる時代だ。憲政の常道の時代は、政党政治の全盛期であったが、その一方、金権政治との批判が絶えなかった。

パソコンによる原稿作成では、算用数字か漢数字か全角か、半角かの統一がいい加減になりがちです。

さらに、パソコンには漢字の変換ミスがつきものです。この文章では「犬養」が「犬飼」、「常道」が「情動」になっています。また「が絶えなかった」とするところ、「がたえなかった」で変換キーを押したため、「型得なかった」となる変換ミスを犯しています。

もう一つ、パソコン作成の原稿に多いミスは、削除漏れです。ある文章をまるごと削除したつもりでも、文の一部や文末の「。」を削除し損なっていることが多いのです。そのため、先の文章では「。。」と句点がつづいています。

削除ミスのもう一つのパターンは、漢字に関するものです。「全盛期」の「期」を書くとき、「期日」といったん画面に起こしたのち、「日」を削るという方法があります。このとき、「日」を消し忘れると、「全盛期日」というおかしな言葉が残ってしまうことになるのです。

パソコンによる原稿作成は便利ですが、ペンで書くときには考えられないようなミスが多発します。だからこそ、プリントアウトしてからの推敲が必要なのです。

158
見出しの打ち方

書き出しの前の1行も重要

文章は書き出しが重要な要素になりますが、じつは書き出し以前の１行も大切です。「見出し」です。

見出しで興味をひけるかどうかは、読んでもらえるかどうかを左右します。たとえば、次の文章には「徳川家康と駿府」という見出しがついていました。

> 江戸幕府の創立者である徳川家康は、隠居後を駿府（静岡）の城で過ごした。なぜ、駿府だったかというと、彼には駿府時代の記憶が大きかったからだ。家康は少年時代、東海の実力者・今川義元のもとに人質として差し出され、駿府で過ごした。
>
> 家康は、駿府で屈辱的な人質時代を過ごしたといわれるが、そうでもなかったのだ。家康は今川家によってよく教育され、駿府によい思い出を抱いていた。だからこそ、家康は晩年、安住の地を駿府に求めたのだ。

この文章は、徳川家康と駿府の関係を書いています。だからといって、見出しを「徳川家康と駿府」とするのは、あまりに単純で、芸がありません。読者の関心をひきつける見出しになっていないのです。

読者の興味をひく見出しにする常套手段は、「謎」を提示す

ることです。たとえば、

徳川家康は、なぜ駿府で晩年を暮らしたのか？

とすれば、読み手はその「謎」にひかれます。読む人に「なぜだろう。理由を知りたい」と思わせることは、読んでもらううえで、ひじょうに重要なのです。あるいは、見出しで、既成の価値観や常識を否定するのも一法です。

徳川家康の人質時代は、本当は悲惨ではなかった！

とすれば、巷間伝わる常識を否定することができます。徳川家康の人質時代は悲惨なものとして語り継がれてきましたので、その逆をいくのです。見出しで、これから常識破りの話をすると宣言すれば、読者の興味を誘うことができます。また、大胆な推論を見出しに持ってくる方法もあります。たとえば、

徳川家康は、じつは今川家が大好きだった⁉

とするのです。このような、大胆な説を提示すると、読者は「そんなことはないはず」と思いながらも、その説の根拠を知りたくなります。

以上のような手法を多用しているのは、週刊誌です。さほどの情報でもないのに、謎をかけ、常識を否定し、大げさで思わせぶりな見出しで、毎週、読者の興味をひきつけています。だからこそ見出しの〝教科書〟ともいえるわけです。

159
字数・行数を稼ぐテクニック

字数を合わせるための〝数字引き延ばし術〟

この本では、前に、簡潔な文章を書く技術について紹介してきました。むろん、それが文章作成の王道というのは間違いありません。

ところが、現実には、文章を引き伸ばさなければならない場合も多々あります。たとえば、社内報を作成しているとき、文章の行数が足りずに、文末に空白ができてしまうようなときです。

あるいは、小論文の作成で「１０００～１２００字以内で書け」などと、字数を指定されたとき。そういう場合は、なんとか文章を引き伸ばさざるをえません。ここでは、小論文を例にとってみましょう。

小論文の制限字数は、実際に一字一字数えあげてその字数内という意味ではなく、一行40字で書く場合なら「40字×25～30行で書け」という意味を表しています。

ということは、一文の切れ目の後ろにできる「余白」も字数のうちに数えられるわけです。

つまり、余白の多い文章を書けば、それだけで字数を稼げるのです。

たとえば、次の文を見てください。

> 近年の人工知能は、学習能力を備えている。

この文章は、一行におさまっているので、この一行28字の本の場合、余白を含めた字数は28字ということになります。

それでは、全体の行数が足りないというときにはどうしたらよいか。

この1行を2行に引き延ばせばいいのです。

> 近年の人工知能は、自ら学習し続ける能力を備えている。

このように、数文字、付け加えるだけで、この文章は2行になります。大幅に書き足す必要はなく、余白を含めて1行・28字分を稼ぐことができるのです。

このテクニックは、プロの書き手や編集者の世界でも、雑誌などで行数をぴったり合わせる必要があるときによく使われています。

適当な余白がある文章ほど、読みやすくなる

前項では、行数を稼ぐための〝余白づくり〟について述べましたが、文章全体を読みやすくするためにも、余白は必要です。

たとえば、本を開いたとき、紙面に白いところが少なく、文字がぎっしり並んでいたとしたら、どうでしょう。それだけで、読む気が失せてしまうのではないでしょうか。

そこで、文章を書いていて、「文字ばかりが並んでいるな」と感じたときは、意図的に余白を〝書き〟ましょう。

改行したり、前項の「数字引き延ばし術」を使って、意図的に余白をつくったほうが読みやすくなる場合が多いのです。

現実に、いまのビジネス書やハウツウ書は、20～30年前の本に比べると、余白部分が格段に増えています。文字を詰め込んで情報量を増やすよりも、余白を増やして読みやすさを優先するほうが、現代人のニーズには合っているのです。

161
字数・行数を稼ぐテクニック

“同じこと”を書くにしても、書き方がある

前に、「最後に同じことを書いて締めくくってはダメ」と述べました。ところが、現実には、字数や行数を指定されていて、同じことでも書かなければ、紙面が埋まらないことがあります。

そんな場合、行数を稼ぐのに、最も手っとりばやい方法は、やはり文章の最後で、結論部分を強調することです。その場合、たとえ同じような文章になっても、読者をうんざりさせない裏ワザがあります。

「繰り返しになるが」や「これまで述べてきたように」と前置きし、自分から同じことを書くと、先に“白状”してしまうのです。

こう書くと、「そのことはひじょうに重要なので、繰り返し述べます」というニュアンスが生じます。すると、読者はそう反発することなく、読んでくれるのです。

このテクニックは、雑誌やビジネス書などで、行数を稼ぐときによく使われています。また、最後に、今まで書いてきたことを箇条書きにしてまとめるなどの手法も、読者をうんざりさせないように同じことを書く手法の一つといえます。

162
あいまい表現の極意

聞いた話でも、「〜そうだ」「〜らしい」はバカ正直

「〜そうだ」「〜らしい」「〜ようだ」「〜と言われている」といった言葉を文末に多用すると、読み手をイライラさせます。

> 彦根城は、井伊直継によって築かれたと言われている。天守の高さは15・5メートルあるそうだ。全国に12あるとされる現存天守閣の一つらしい。

たしかに、彦根城を誰が建てたのか、その時代に生まれていない書き手は、自分の目で見たわけではありません。天守の高さも自分で測れないし、現存天守閣の数も本に書かれている内容を写しただけかもしれません。でも、すべての文末を曖昧に処理しては、読者に信用してもらえません。あまりに頼りなげにみえるからです。直接見聞していなくても、常識的に正しいとされていることなら、断定すればいいのです。人から聞いた話で、「〜そうだ」と書かざるをえないときも、なるべく数を減らす工夫をしたいものです。

> 彦根城は、井伊直継によって築かれた。天守の高さは15・5メートルで、全国に12ある現存天守閣の一つである。

163
あいまい表現の極意

あいまいな文末で逃げを打つときの言葉の選び方

前項で述べたように、文章を書くにあたっては、事実関係をよく調べ、自信をもって断定形で書くのが基本です。ところが、現実には、事実関係を調べきれなかったり、異説があったりして、断定しきれないケースも出てきます。

そんな場合は、文意をあいまいにする言葉を使わざるを得ないのが、大人の社会です。ただし、その言葉の選び方にもコツがあります。まず、前述のように文末に「そうだ」と「らしい」を使うのは文章の信憑性を著しく損なうのでＮＧ。

続いて、「ようだ」と「かもしれない」も、文末には避けたい言葉です。文末をボカすことで説得力が乏しくなるからです。

> 先方には、腹案があるようだ。次の会議では、新しい提案があるかもしれない。

この文は、断定を避け、あいまいにすることで逃げを打っているのが見え見えです。断定できないとしても、表現には工夫が必要です。それがビジネス文書なら、なおさらのことです。

> 先方には、腹案があるとみられる。次の会議では新しい提案があると考えられる。

このようにすれば、逃げているという印象を多少は薄められるでしょう。「みられる」「考えられる」という言葉を使うと、「ようだ」や「かもしれない」よりは、多少の根拠がありそうに読めるからです。むろん、「みられる」や「考えられる」、加えて「思う」や「思われる」も、腰の退《ひ》けた表現であることは否めません。たとえば、つぎの二文をみてください。

本年度の黒字達成は、むずかしくなってきたと思われる。
いまだに巨額の赤字を解消できないのは、リストラが不十分だからだと思う。

これらは、ともに無責任な印象を与える文章。その原因は、文末の処理にあります。多少裏ワザ的にはなりますが、無責任な印象を消しながら、なおかつ断定するリスクを避ける表現をすると、次のようになります。

本年度の黒字達成は、むずかしくなってきたという意見が大勢を占めている。
いまだに巨額の赤字を解消できないのは、リストラが不十分だからだと指摘されている。

「大勢を占めている」「指摘されている」は、ともに客観性を装いながら、自分では断定することは避けた語尾の処理法です。ほかに「という見方もある」「という専門家もいる」なども、よく使われている大人の逃げの表現です。

COLUMN 4

「書く」ための「読む」技術

◎いい本を選ぶ技術は、ダメな本を避ける技術

この欄では、「書く」（アウトプットする）ために「読む」（インプットする）技術を紹介していきたいと思います。

人に文章を面白く読んでもらうためには、文章力とともに、新鮮な〝素材〟が必要です。そのためには、素材を収集する技術が必要であり、なかでも最も必要とする技術は「読む」技術なのです。一口に「読む」といってもその対象はさまざまですが、この欄ではおもに「本（書籍）を読む技術」を紹介していきます。

実際、ネット社会となった今でも、文章が上手な人、面白い話を書く人には、本をよく読んでいる人が多いものです。たしかに、ネットは「情報検索」には便利なツールですが、本格的な調査や、研究の中心に据えるには、正確性や信頼性の面からみて、まだまだ不十分な媒体です。今も、正確な知識をまとめて得るためには、本（書籍）が最も優秀で便利な情報ツールといえるのです。

この本で紹介する「読書術」は、調査、研究、学習のため、本を選ぶ技術です。小説などを楽しむための読書ではなく、知

識を効率的にゲットするために優秀な本（解説書、入門書、参考書、ビジネス書など）を選び、読むためのテクニックを紹介していきます。

まずは、最も重要な「本を選ぶ技術」からです。いうまでもありませんが、いい本を選べば、有益な知識を効率よく得られ、逆に、低品質の本を買ってしまうと、お金と時間を無駄にすることになってしまいます。

役に立つ本を選ぶいちばんの方法は、やはり書店で本を「立ち読み」してみることです。ネットで本を買うのは、たしかに便利なのですが、本選びという点では、実物を手にとれる「立ち読み」には、遠くおよびません。

昔から、「良書を読むための第一条件は、悪書を読まないこと」と言われます。役に立たない本を読むことに時間をかけると、いい本を読むための時間を奪われてしまうからです。書店まで足を運んで本選びにかける時間は、低レベルの本に時間を奪われることを防ぐための必要コストともいえるのです。

◎まずは「目次」を立ち読みして、〝コスパ〟のいい本を探す

書店で立ち読みするときには、漫然とページを繰るのではなく、まずは集中して、「目次」を熟読することをおすすめします。

目次には、その本の内容が、章タイトルや小見出しという形で、〝箇条書き〟にまとめられています。それらを読めば、その本の内容は、おおむねのところ、見当がつくものです。

そして、まず確認したいのは、その本の内容が、自分の読書の目的とマッチしているかどうか。書店の棚には、「類書」（同じジャンルの本）が何冊も並んでいるものです。それらの目次を読み比べ、自分のニーズと最もマッチしている本、あるいは最もわかりやすそうな本をレジに運ぶことです。

学習的読書にとって、とりわけ重要なことは、自分にとってわかりやすいかどうか。目次を読んで、何が書いてあるかよくわからなければ、サッサと棚に戻すことです。そうした本を時間をかけて読んだところで、知識や情報を効率的には吸収できません。目次を見て、まずは自分の目的に合い、かつわかりやすそうな本を探すこと、それが情報吸収のコストパフォーマンスを上げる近道です。

◎買うかどうか迷ったときには、「まえがき」を精読してみる

書店で目次を読み、それでもその本を買うかどうか迷ったときには、続けて「まえがき」を読んでみるといいでしょう。

まえがきには、その本のエッセンスとセールスポイントが詰まっています。「まえがき」は本の冒頭に載っているものの、原稿執筆時はおおむね最後に書かれることの多い文章です。著者は、本文をすべて書き上げ、ゲラ刷りにも手を入れたうえで、最後にまえがきを書くことが多いのです。

そのため、著者の考えは、まえがきを書くときに、もっとも熟成しています。著者がどのような目的でその本を書き、何

を主張したいのか、「まえがき」には、そのエッセンスが詰まっているのです。

そうした「まえがき」を読んで、「興味がもてない」、「何が言いたいのかよくわからない」という本は、棚に戻したほうがいいでしょう。買ったところで、楽しく読むことはできないでしょうし、役に立つことも少ない、というはずです。

◎「発行年月日」と「刷り回数」に注目して「奥付」を読む

本を選ぶときには、「奥付」も大いに役立ちます。「奥付」は、その本のほぼ最後のページにある著者名や出版社名、定価などが印刷されたページのこと。書店で立ち読みするときには、奥付に記された「発行年月日」と「刷り回数」に注意を払うといいでしょう。

まず、「発行年月日」を見れば、その本が「どれくらい新しいか」を確認できます。本は、「新しければいい」というものではありませんが、少なくとも「経済」や「科学・技術」に関しては、新しい本のほうがベターです。最新のトピックを仕入れることができるからです。そのため、奥付を開いて、発行年月日をチェックすることが必要というわけです。

また、「刷り回数」を見れば、その本がどれくらい売れているかがわかります。「第３刷」や「第１０刷」というように、何度も増刷のかかっている本は、もちろん売れ行きのいい本。一方、「第１刷」としか記載されていない、いわゆる「初版止まり」の本は、市場では評価されなかった本といえます。

むろん、売れた本がいい本、売れていない本がダメな本というわけではないのですが、学習的読書に限っていうと、売れている本には、読者が買った何らかの理由があるはずで、調査や研究、学習に向いた本である確率が高いといえるでしょう。

◎「著者略歴」の裏のウラを読むコツ

本には、その本の著者の「略歴」が載っているものです。本を選ぶときには、その「著者略歴」も有用な情報になります。

著者略歴には、著者の「生年」や「出身地」、「出身大学」、「経歴」、過去の「主要著書」などが掲載されています。おおむね、その情報が細かく、著者略歴の文字数が多い本ほど、役立つ本である確率が高いといえます。

著者の略歴を長めに紹介するには、それなりの〝業績〟が必要だからです。経歴や主要著書について、紹介するに足ることが多いからこそ、略歴が長くなるわけで、その分、そのジャンルの本を書くのに、ふさわしい人物といえるわけです。

◎凝った体裁の本は、少なくとも編集者が手間をかけている

本には、こった作りの本とシンプルな本があります。たとえば、ビジネス書や各種の入門書、あるいは参考書の類では、図版、グラフ、写真、コラム、囲み記事などの多い本は、少な

くとも編集者が手間をかけた本といえます。それらを作るのは、ただ文章（本文）を印刷するよりも、よほど手間がかかるからです。

もちろん、編集者が手間をかけている本が、必ずしも役に立つとはいえませんが、少なくとも編集者が読者を〝もてなそう〟と力をこめた本とはいえます。その分、理解しやすかったり、いろいろ変化があったりして、退屈しない本であるとはいえるでしょう。

◎いい「入門書」とダメな「入門書」の違いとは？

あるジャンルについて集中的に勉強したり、資格試験を目指すときには、「入門書」や「参考書」が必要になります。それらの本を選ぶときには、一般書とは違ったコツがあります。

まず、その道の〝先達〟におすすめの本を尋ねてみることです。勉強をはじめる段階では、その分野に関する知識が乏しいのですから、自力で良書を探すのは難しいはず。そこで、〝先達〟の知恵を借りるのです。

たとえば、資格試験の勉強をはじめるときには、合格者に会って話を聞き、おすすめの参考書や問題集を教えてもらうのがいちばん。合格者がすすめる参考書や問題集は、良書である確率がかなり高いはずです。

ただし、合格者のおすすめだからといって、ネットで〝不《み》見《ず》転《てん》〟で買うのは考えものです。いざ届き、ページを開いてみると、あなたには、ちんぷんかんぷんということもありえるからです。

参考書選びの重要なポイントは、何といっても、読んでわかること。ここは、やはり書店に足を運び、何ページか通読するのが得策。それで、理解できないところが多いようであれば、あなたに合った参考書とはいえません。最初は、理解しやすいレベルの本を探すことです。

◎「○○入門」という本が「入門書」とはかぎらない

また、「入門書」を選ぶときに注意したいのは、「○○入門」というタイトルの本が、「入門書」とはかぎらないことです。

一言に「入門書」といっても、その難易度は千差万別。出版界では、当初は専門書として企画された本が、難しいタイトルをつけると売れないからと、「○○入門」というタイトルで出版されることもあります。世界的な名著、フロイトの『精神分析入門』にも「入門」がついています。そんな〝難しすぎる入門書〟をうっかり買わないためにも、やはり書店で立ち読みすることをおすすめします。

また、入門書を買う場合には、分厚い本、とりわけ300ページ以上もある本は、避けたほうが賢明でしょう。まずは、薄い本でそのジャンルの全体像を把握したほうが、学習効率は上がります。分厚い本（情報量が多い本）は２冊目以降に買うのが得策です。最初から、細かな情報まで載っている本を読みはじめると、途中で嫌になるなど、学習成果が上がらないことが多いものです。

なお、同じジャンルで、気になる入門書が２冊以上あって、どちらを買うか迷ったときには、２冊とも買うのがベスト。一冊の本の記述では、わからないことも、別の本を読むと、すっきりわかるということも、よくある話です。２冊を同時並行的に読むと、学習効率的が上がることが多いものです。

◎良書に出会うための「書評」の読み方

新聞や雑誌には、かならずのように「書評欄」が設けられているもの。本選びの参考に利用したいものですが、まずは書評欄にどのような本が選ばれるかを知っておきましょう。

おおむね、書評欄には「難しい本」、「分厚い本」、「値段の高い本」が選ばれる傾向があります。書評欄は、いわばその新聞や雑誌の"知的レベル"がはっきり表れるコーナーといえます。そのため、書評には"立派な本"が選ばれがちなのです。それは、たしかに良書を選ぶための道しるべにもなりますが、読むのには相当骨が折れる本が並んでいるといっていいでしょう。

新聞の書評欄には、入門書や参考書、実用書は、あまり取り上げられません。あるジャンルを勉強するときには、その分野の専門誌の書評欄を参考にするといいでしょう。専門誌の書評欄には、その分野の実用的な本が取り上げられることが多いからです。

◎「書籍広告」から、これだけのことがわかる！

新聞の下段には「書籍広告」が載っていることが多いもの。その広告からも、いろいろなことを、読みとることができます。

ここでは、広告のサイズから読みとれることを紹介しておきましょう。

新聞の書籍広告には、大きく分けて「全五段」、「半五段」、「三八広告」の三種類があります。まず、全五段広告は、新聞の下段を端から端まで使った大きな広告のこと。通常は、そのスペースで何冊もの本が紹介されるわけですが、ときおり一冊だけ大きく載ることがあります。むろん、それはその出版社が最も力を入れている本です。

半五段広告は、全五段広告の半分のサイズの広告で、このサイズでも、一冊だけ載っている場合は、出版社が相当力を入れているとみることができます。

一方、「三八広告」は、一面の下段（３段分）を八つに割った広告のこと。この欄に載る本には、新刊として売れ行きの良好なものが多く、話題になりそうな本、あるいは内容がよい本が並ぶと見られているコーナーです。

◎できる大人は〝行きつけの大型書店〟をつくっておく

役に立つ本を効率よく探すため、「行きつけの書店」をつくっておくといいでしょう。同じ書店を利用していれば、どのフロアのどの位置に、どの分野の本があるかが、自然に頭に入ってきます。その分、効率よく本を探すことができるようになります。

また、同じ書店に通っていると、平積みされている本の増減などから、今、どういう本が売れているかがわかってきます。そこから、世の中の知的な流行が見えてくるものです。

というように、とくに必要な本がないときでも、書店をのぞくことには、大きなメリットがあります。店内をブラブラするだけで、いろいろな刺激を受けることができるからです。

新刊コーナーに行けば、話題の本を含め、今、売れ筋である本の傾向がわかりますし、ふだんは足を向けないコーナーに行けば、興味の範囲を増やす機会になるかもしれません。

むろん、同じ通うのなら、なるべく大きな書店に通うことです。品ぞろえが多いほど、本を選択する幅が広がり、役に立つ本を選べる確率が高まります。また、受ける刺激も大きくなるはずです。

◎ネット書店で本を探すための「検索ワード」のひねり方

近年は、Amazonなど、ネット書店を利用する人が増えています。もちろん、ネット書店のいちばんのメリットは、興味のある分野の本をすばやく探せることです。ただし、検索ワードの入れ方には、多少のコツがあります。なにしろ、1年に7万冊以上の本が出版されているのですから、漫然とワードを入れていると、役に立つ本となかなか出会えないのです。

たとえば、「経済について勉強したい」からと、「経済」を検索ワードにしたりすると、膨大な数の本が出てきて、探したことになりません。

役に立つ本を選ぶためには、検索ワードを工夫してみることです。たとえば、あるジャンルに関して、基本的なことを知りたいときには、そこに「入門」という言葉を加えてみるのがコツ。たとえば、中東問題に関して知りたいときには、「中東問題、入門」と検索ワードを二つ入れてみるのです。

また、そのジャンルの幅が広いときも、検索ワードを二つ以上入れてみることです。たとえば、日本経済について勉強したいときは、自分の関心のありかに応じて、「日本経済、財政」や「日本経済、貿易」などと、検索ワードを二つ以上入れるといいでしょう。すると、自分の関心領域により近い本が出てくるはずです。

◎速読術とは、本を " 飛ばし読み " する技術

前にも述べたように「良書を読むための第一条件は悪書を読まない」こと。それは「一冊」の本のなかでも、いえることです。

一冊のなかでも、〝悪書部分〟を切り捨てることが、〝良書部分〟を精読する時間を生み出すことにつながります。

端的にいえば「本は、最初からすべてのページを読むもの」という固定観念を捨てることです。そして、重要なところだけ集中的に読む「飛ばし読み」のテクニックを身につければ、時間単位の情報吸収効率が大幅にアップします。

そこで、本を速読しようとするときには、まずは目次を読んで、重要なところ、自分の関心領域に関係の深そうなところに当たりをつけ、その部分をピンポイントで精読します。

専門書や学術書など、読むのに時間がかかる本ほど、この飛ばし読みの技術が必要になってきます。

また、「わからないところは、飛ばして読む」ことも必要です。他の部分を読んでから難しい部分に戻ると、よくわかるということも少なくありません。知識の吸収率を上げるには、難解な部分を「飛ばし読み」することも必要なのです。

◎本は自分用の〝ノート〟だと考える

世の中には、「本は大事に扱うもの」と思い、本に書き込みと入れたり、アンダーラインを引くことが「苦手」という人がいるものです。

しかし、ノートにいちいちメモをとりながら、本を読むのは効率的な方法とはいえません。時間効率を考えれば、本にはどんどんアンダーラインを引き、気づいたことは、本の余白に直接書きこんだほうが、はるかに時間を節約できます。

少なくとも、学習的読書の場合は、アンダーラインをどんどん引きましょう。ポイントにアンダーラインを引いておくと、あとで見返したとき、すぐに重要事項が目に入ってきます。本を自分の〝ノート〟だと考える姿勢は、復習効率を上げることにつながります。

◎読んだことを記憶に残す方法

本で読んだことを記憶に残すには、読書後のちょっとした〝アフターケア〟が必要です。まずは、読了後、５分間ほどは〝反芻〟する習慣をつけましょう。目次を眺めながら、中身を思いだしてみたり、あるいは、ページをめくりながら、アンダーラインを引いたところを再読してみたりする。そうして読んだことを〝反芻〟すると、記憶に残る歩留りが格段によくなるのです。

さらに、簡略な読書ノートをつけるのもいいでしょう。タイトル、著者、読みおわった日などを書いたうえ、数行ほどで本の概要をまとめたり、印象的な文章を書きとめておきます。そうした情報は、本自体にメモしておいてもいいでしょう。

こうして、読む→メモする→再読するという作業を繰り返すことで、頭に残る事柄がどんどん増えていくのです。

本書は、『ちょっと変えるだけで好感度がUPする！モノの書き方』話題の達人倶楽部［編］（2016年／小社刊）を改題のうえ、再編集したものです。

編者紹介

ビジネスフレームワーク研究所
情報収集・分析から企画・プレゼン、交渉･商談、問題解決、人間関係まで、充実したビジネスライフを送るために、世の中のありとあらゆる情報のなかから、効果の高い情報のみを選び出し提案する知的プロ集団。
本書では、マネするだけで文章が上手くなるコツをズバリ教えます。初歩の初歩から、プロの裏ワザまで、伝わる日本語の全技術！

一瞬《いっしゅん》で伝《つた》わる神《かみ》ワザ！　文章力大全《ぶんしょうりょくたいぜん》

2021年 2 月 5 日　第 1 刷

編　　者　ビジネスフレームワーク研究所《けんきゅうじょ》

発 行 者　小 澤 源 太 郎

責任編集　株式会社プライム涌光
電話　編集部　03(3203)2850

発 行 所　株式会社青春出版社
東京都新宿区若松町12番1号〒162-0056
振替番号　00190-7-98602
電話　営業部　03(3207)1916

印刷・大日本印刷　　製本・ナショナル製本

万一、落丁、乱丁がありました節は、お取りかえします

ISBN978-4-413-11347-2 C0030